HUANGHE LIUYU
QUYU WENHUA YU LÜYOUYE XIETONG FAZHAN YANJIU

# 黄河流域区域文化与旅游业协同发展研究

毕雪燕　郭凯旋　张金芳　赵　爽　著

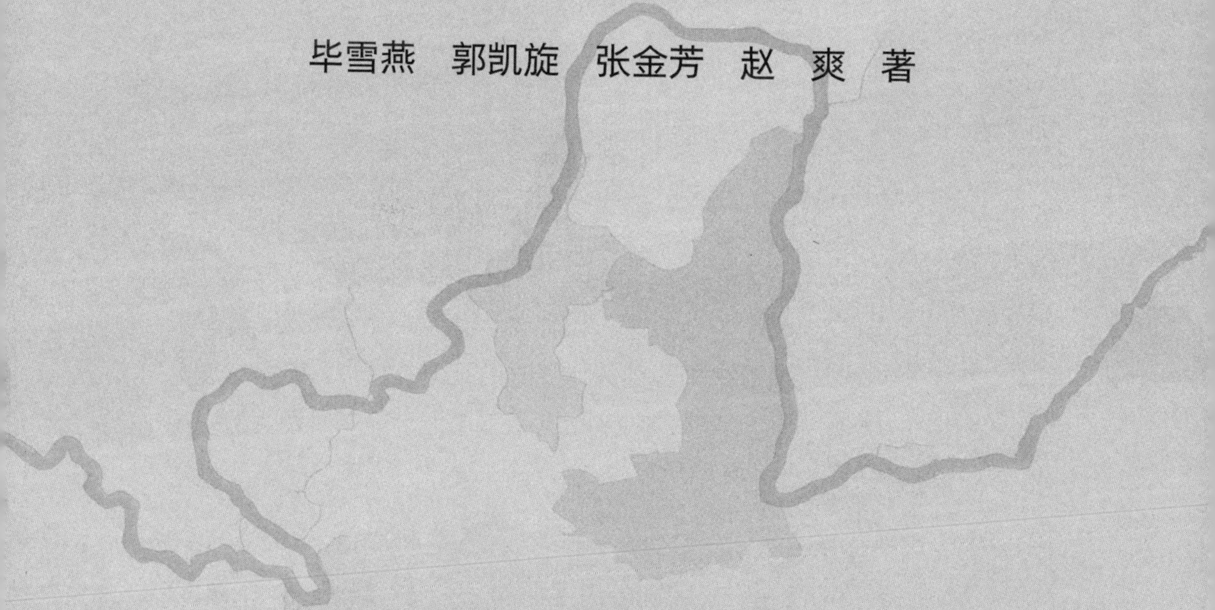

中国农业出版社
农村设物出版社
北　京

本书为河南省高等教育改革研究与实践立项项目——基于创新精神培养的新文科课程群建设探索研究（项目编号：2024SJGLX0339）、河南省高等学校青年骨干教师培养计划“基于区块链的黄河生态文化遗产保护利用与产业发展研究”（2020GGJS102）、河南省高校人文社会科学研究一般项目“文学地理学视域下的唐诗黄河书写及其时代价值研究”（2023－ZZJH－095）等中期研究成果。

# 前言

FOREWORD

在后疫情时代，随着全球旅游业快速发展，文化旅游已经成为旅游业的重要分支，人们对于旅游、出行的需求比以往任何时候都更加强烈，在这一背景下，无疑应为发展黄河流域区域文化旅游注入动力。黄河流域作为中华文明的发源地之一，拥有着丰富的文化遗产和自然景观，具有极高的旅游开发价值。文化内涵的融入使得黄河旅游资源有了灵魂，摆脱了传统旅游项目游览式的发展桎梏。随着旅游资源文化内涵不断丰富，旅游形式不断丰富化、多样化，不断推出研学旅游、红色旅游、康养旅游等旅游产品类型，黄河旅游产业也取得了跨越式发展。通过塑造文化形象意识，将丰富的黄河文化具体化、场景化能够增强游客对黄河文化内涵的体验感，提升旅游资源的延续性，推动旅游资源产品创新发展，实现黄河旅游产业的科学发展。

如今虽然出现了多种文化旅游项目，但是目前黄河流域的旅游业发展仍存在诸多问题，如文化资源开发不足、旅游产品单一、旅游产业不完善等，这些问题制约了黄河流域文化旅游的发展。因此，对黄河流域区域文化与旅游业协同发展的研究显得尤为重要。要深挖黄河文化的内涵，不能局限于表面，而是要在避免文化旅游项目重复建设的同时，提升文化旅游的优势，推出一批高质量的文化旅游项目，以此来促进黄河文化旅游的良性发展，真正使人们在旅游中感受到黄河文化的深刻内涵，提高黄河文化的影响力。

本书旨在探讨黄河流域区域文化与旅游业的协同发展，通过深入分析黄河流域的源头文化、河湟文化、陇右文化、河套文化、秦文化、晋文化、中原文化和齐鲁文化等文化资源和旅游产业的现状与问题，提出相应的协同发展策略和措施，包括加强文化资源的保护和开发、推动旅游产品的多元化和个性化、加强旅游产业的完善和创新等，为黄河流域文化旅游的发展提供指导和支持，同时也为其他类似区域的文化旅游发展提供参考和借鉴。

著　者

2023年8月

# 目 录

CONTENTS

# 目录

CONTENTS

# 第一章 黄河文化与黄河流域区域文化

2019年9月18日，习近平总书记在郑州主持召开黄河流域生态保护和高质量发展座谈会时发表重要讲话，提出黄河流域生态保护和高质量发展是重大国家战略。这次会议不仅为黄河流域的发展指明了方向，而且给黄河区域文化赋能旅游业高质量发展带来了全新的机遇。保护、传承、弘扬黄河文化是实施黄河流域生态保护和高质量发展战略的主要目标任务。习近平总书记明确提出，“黄河文化是中华文明的重要组成部分，是中华民族的根和魂”。要深入挖掘黄河文化蕴含的时代价值，讲好“黄河故事”，延续历史文脉，坚定文化自信。

黄河流经青海、四川、甘肃、宁夏、内蒙古、山西、陕西、河南、山东9省（自治区），在历史的沉淀中黄河流域出现了一条由若干古代城市相互连接、形成黄河流域古代城市轴带。从古代城市数量来看，如果说黄河流域是中国古代城市的摇篮，那么黄河流域城市则是中华古代文明的容器。可以说，黄河流域区域文化是一种文化综合体，覆盖面广、辐射区域大，对黄河周边区域文化以及我国部分地区文化均产生了深厚的影响。

## 第一节 文化内涵

给“文化”下定义可以说是人类遇到的最大学术难题之一，以至于究竟什么是“文化”，有学者认为陷入了“定义困境”之中。根据美国当代人类文化学家克罗伯和克拉克洪在1952年合著的《文化：概念和定义的批判性回顾》中的统计，在20世纪50年代就已经出现了160多种关于文化的定义。

目前，关于文化的定义更是达到近千种之多，尽管每一种定义和解说都有其理据，但整体而言，通常可以从广义与狭义两个层面界定文化。就广义层面而言，所谓文化就是人化，指的是人在改造世界的过程中所创造的物质文明和精神文明的总和。这种理解揭示了文化与人之间的本质性关联，文化不是自然的给定物，而是人的实践活动对象化的产物。就狭义层面而言，文化特指区别于政治、经济、社会等其他领域的精神观念领域，也就是精神财富，同时也是人类社会生活的重要组成部分。

文化具有引导、支撑、提升和促进经济社会发展的重要功能，也是综合国力竞争的重要因素。对于国家而言，文化是民族的血脉，是人民的精神家园，是民族振兴、国家昌盛的精神支撑。一个民族，如果没有文化力量作支撑，就很难屹立于世界先进民族之林。当今世界，文化所发挥的积极作用日益凸显。它越来越成为综合国力竞争的重要因素，成为民族向心力、凝聚力与创造力的重要源泉，成为经济社会发展的强大精神支柱，成为时代发展的迫切需要以及全国人民的热切愿望。

在漫长的历史长河中，中华民族始终生生不息、绵延发展，饱受挫折又浴火重生，世世代代的中华儿女培育和发展了独具特色、博大精深的中华文化，为中华民族注入前行动力。古往今来，中华民族之所以在世界有地位、有影响，靠的就是中华文化强大的感召力和吸引力。一个民族的复兴需要强大的物质力量，也需要强大的精神力量。习近平总书记在党的二十大报告中明确了未来五年我国发展的主要目标任务，其中，“人民精神文化生活更加丰富，中华民族凝聚力和中华文化影响力不断增强”是一项重要内容。这为新时代新征程推进文化自信自强、铸就社会主义文化新辉煌指明了前进方向。

文明因河而生，因水而兴。黄河文明、长江文明作为中华文明的重要历史源流、中华民族的代表性符号和标志性象征，与其他流域文明共同形成紧密契合的榫卯结构，构建出“互济、互摄和互补”的中华文化大循环格局，造就出华夏历史的基本形态、形塑着中华民族的特质禀赋，是中华民族的“根”和“魂”①。近年，我国开展实施中华文明探源等工程，通过对黄河文化、长江文化展开研究，深入研究中华文明、中华文化的起源和特质，形成较为完整的中国文化基因的理念体系，实证中华文明发展脉络，铸牢中华民族共同体意识。

## 第二节　黄河文化内涵

根植于黄河流域的黄河文化是中华文明中最具代表性、最具影响力的主体文化。黄河文化并不是空泛的，也不是独立存在的，而是深深扎根于黄河流域深厚的土壤中。黄河流域作为国家重要的生态保护区和文化集聚地，既肩负着保护流域生态环境的重任，又面对着传播和弘扬黄河文化的时代命题。从青海到山东，黄河流经 9 个省（自治区），途经青藏高原、内蒙古高原、黄土高原以及华北平原，留下了黄河流域人民群众创造的物质文化和精神文化，也形成了特色鲜明的黄河区域文化，各区域内丰裕的自然资源和文化资源为发展文化旅游产业奠定了坚实的基础。推进黄河流域文化遗产的系统保护，深入挖掘黄河文化及各黄河区域文化的内涵和特征，是黄河流域生态保护和高质量发展国家战略的题中应有之义。

---

① 石培华、申军波：《文旅融合视野下：黄河长江文化保护传承弘扬思考》，《中国旅游报》，2021 年 2 月 26 日第 3 版。

黄河流域在我国生态屏障建设、生态安全保护、流域经济建设、脱贫攻坚和乡村振兴中占据关键地位，发展黄河流域文化旅游业将助力于区域资源转化为产业经济，在保护、传承和弘扬黄河文化的过程中，增强文化自信。2021 年 10 月，《黄河流域生态保护和高质量发展规划纲要》的出台为黄河流域文化旅游产业的发展提出了纲领性要求，黄河流域的文化旅游业发展趋势正在由传统导向转化为现代导向。在此关键时期，深入探究黄河区域文化以及区域文化赋能旅游业高质量发展，对于促进顶层设计工作具有重要现实意义。一系列国家政策和纲领性文件的出台，黄河流域文化和旅游发展论坛、沿黄 9 省（自治区）城市文化产业和旅游产业融合发展座谈会与黄河流域文化旅游创新大会等一系列活动的成功举办，深刻体现国家对黄河流域生态文明建设、经济建设的高质量发展给予了高度重视。将黄河区域文化与旅游业相结合正是在这一背景下形成的发展新模式，有利于持续促进黄河流域的经济有效转型与快速发展，提高和改善黄河流域人民群众的物质生活环境和精神文化认同，为加强黄河流域生态文明保护和历史文化传承提供理论价值。

## 一、何谓“黄河文化”

水是生命之源，人的生命离不开水。人类早期的文明都与“水”有着深刻的渊源，与河流联系密切。无论是中华文明还是古埃及、古巴比伦、古印度文明，历史上记载的著名文明都是诞生于其区域内的最大径流周边，沿河流而兴起。黄河和长江是孕育中华文明的两条“命脉”。《春秋左传正义》这样解释，“夏，大也。中国有礼仪之大，故称夏；有服章之美，谓之华；华、夏一也”。《尚书正义》里这样解释，“冕服华章曰华，大国曰夏”。黄河被誉为“百川之首”“四渎之宗”，作为华夏文明的重要发源地之一的黄河催生了中华文明，哺育了中华儿女，被称为中华民族的“母亲河”。根植于黄河流域的黄河文化是中华文明中最具代表性、最具影响力的主体文化。

所谓“黄河文化”，其概念是“文化”概念的衍生。不同学者对文化的概念一般从以下几个维度出发：文化的核心内容、不同文化间的差异、文化发展的先进与落后等。同理，对于黄河文化的定义也各不相同。通过对“黄河文化”内涵进行系统梳理，将其归结为四个层面：一是指中华民族创造的全部物质财富和精神财富的总和；二是指黄河流域广大劳动人民在长期的劳动实践过程中形成的价值观念、精神诉求、思维模式以及行为方式的综合；三是指黄河流域广大治河工作者在长期的治河实践中所形成的全部物质财富与精神财富的总和；四是指广大黄河工作者在黄河治理开发与管理实践过程中形成的基本精神、核心理念和价值观念。黄河文化是一个庞大的文化体系，它体现了黄河流域各民族在历史长河中形成的典章制度、信仰礼仪、语言文字、生活方式、生产水平、风俗习惯、精神面貌、价值取向、审美情趣等，形成一个多层次、多维度、多元化的文化共同体，将人文精神和价值规范有机统一。黄河文化是中华文明的母体，是中华文化的核心和主干，是中华民族的根和魂，是全球华人的精神归属。黄河流域见证了中华悠久历史发展的沉浮与兴衰，回顾数千年中华文明的演变历程可发现，至少超过 3 000 年的文化变迁都是围绕黄河流域展开。从历史资料上能够看出黄河文化的历史连贯性，从古至今中华民族的一个个历史脚印深深地印在这片土地上。这里孕育的仰韶文化、马家窑文化、大汶口文化、龙山文化等历史悠久的古文明形态，都是古代人类文明历史长河中极为灿烂的一笔。

黄河文化的历史进程总是随着人类对其内涵认知的深入而改变，其时间段划分大都是与中国的历史发展进程相契合。黄河文化的发展过程大致经历了起源阶段、系统形成期、繁华期、日渐式微期与再生期五个时期，对应着我国历史发展的原始社会晚期、夏商周时期、春秋战国到宋代、元代至清代、鸦片战争后至今五个历史阶段。

随着文化强国战略的不断推进，加之国际意识形态竞争日益加剧背景下树立民族文化自信的迫切需求，文化软实力的重要性也日益凸显，人们更加注重环保、可持续发展的理念的同时，对黄河文化等中华优秀传统文化的关注度不断提升。新时代科技的进步、社会的发展、观念的转变都是丰富黄河文化的内涵的重要因素，黄河文化注入了更加多元的文化外衣与精神内核。今天，随着黄河流域生态保护和高质量发展国家战略的确立，黄河文化的再次勃兴已成为历史发展的必然趋势。

## 二、黄河文化的本质与精神

九曲黄河，奔腾向前。黄河作为一条自然河流，早已成为一种文化符号，在漫长的历史发展中以百折不挠的磅礴气势塑造了中华民族自强不息的民族品格，是中华文明的重要组成部分，是中华民族的根和魂。同时，“黄河”作为一种中华精神象征，它是中国传统文化、道德、精神的体现，它表现在“民为邦本”“天人合一”的传统思想、优秀的民族精神和“多元统一”的中华“大一统”观念里，也是中国文化的根基。

### （一）黄河文化的本质

#### 1. 黄河文化是中华文明的“根”之所在

黄河流域是中华民族祖先早期最主要的活动地域，也是中国最早期文化意识形态的主要发源地。追溯黄河文化的发展历史，早在新、旧石器时代，在黄河流域便出现了山西西侯度猿人、陕西蓝田猿人、内蒙古乌审旗大沟湾晚期智人的生活轨迹，并且逐步形成了龙山文化、马家窑文化、大汶口文化、裴李岗文化、仰韶文化等文化形态。这些文化形态构成了黄河文化发展的雏形，也是华夏文明的起始点。人类进入文明社会后，夏、商、周文化在黄河流域得以发展。随着朝代的变迁，黄河流域的文化朝着更加多元化的方向发展，从春秋战国到秦汉王朝，黄河流域河湟文化、秦文化、晋文化等多元文化融合发展，形成完备的文化体系。直到现在，历经千百年发展和变迁的黄河文化，作为一种主轴文化不断吸收融合、丰富内涵，并持续将其输出给江淮流域和珠江流域，最终形成了以黄河文化为内核的中华文明。黄河文化凝聚中国的民族文化，因此成为中华文明的“根”。

**2. 黄河文化是中国历史的“脉”之所承**

之所以说黄河文化是中国历史的“脉”之所承，是因为黄河文化与中国历史发展进程一脉相承，见证了中华上下五千年中 3 000 多年王朝的浮沉与兴衰，也见证了近代中华民族的抗战历程和中国革命新局面的开创。近代之前，从史前平等的农耕聚落形态到不平等的中心聚落形态，再到早期邦国形态，夏商周时期多元一体复合制王朝国家形态，最终到秦汉至元明清帝制国家形态王朝的形成，中国古代历史王朝的演变轨迹都发生在黄河流域。近代，列强入侵、王朝瓦解、全民抗战，形成以国共合作为基础的抗日民族统一战线，凝聚誓死“保卫黄河、保卫华北、保卫全中国”的决心。红军长征胜利到达陕北后，中国共产党充分吸收先进的马克思主义思想，并结合中国国情为马克思主义中国化铺路，开创了中国近代革命新局面。黄河从未缺席中国历史发展进程的每一个关键节点，一部黄河史中承载了中华民族的奋斗历程。

**3. 黄河文化是中华民族的“魂”之所归**

之所以说黄河文化是中华民族的“魂”之所归，是因为中华文化继承了黄河文化的精华。自唐宋以来，黄河流域始终是中国政治、经济以及文化的重心，以其先进的农业经济为基础，用自身深厚的内涵和习俗，影响并感召着各民族。在政治方面上，纵使朝代变迁，黄河流域仍居于王朝统治的核心地位。在文化层面上，从《史记》到《资治通鉴》，都载录和见证了黄河文史发展，农业生产技术、数理算术、天文历法、“四大发明”等代表着古代先进物质文明，从教育、科学技术、思想学术等诸多方面都对后世产生深刻的影响；在制度层面上，以农耕经济为基础的宗法制度、政治制度、社会制度、治理理念及历史习俗等，对现代文明的影响依然可见；在意识形态层面上，春秋战国时期是黄河流域思想最为开放的时期，此时产生了道家、儒家、法家、墨家、农家、兵家、纵横家、名家、杂家，其中儒家思想对后世影响最大，也深刻塑造着中华儿女的品格。

## （二）黄河文化的精神

挖掘黄河文化的精神，首先要厘清文化精神的含义。文化精神是指某种文化所蕴含的深层次的观念体系，主要表现为善恶、是非、美丑、新旧等方面的价值导向或价值取向。黄河文化精神，就是庞大的黄河文化体系中所蕴含的内在的观念体系，是以人与黄河和谐共生为前提而衍生出的价值观念取向。黄河文化精神是黄河文化的内核，影响并决定着中华民族和人民的价值观念、道德修养以及审美取向。在新时代挖掘和弘扬黄河文化，把握黄河文化的精神内核，是坚定民族文化自信的重要基石。

### 1. “崇尚自然”的传统精神

自古以来，中华民族便有崇尚自然的传统。儒家讲“仁者乐山，智者乐水”，道家讲“道法自然”。《道德经》有言，“人法地，地法天，天法道，道法自然”。宇宙自然，在中国人的认知系统里，处于本根的地位。中国人主张天、地、人共生，主张天人合一，通过对宇宙自然基本存在的理解和感悟，来进一步衍生思想道德，赋予宇宙自然一种人格化的生命精神。其中，对黄河充满的敬意以及赋予黄河的生命气息就是很好一例。中华民族自古以来崇尚黄河，有着优良的传统，这是崇尚自然的生动体现。崇尚自然，本质上来讲就是主张和谐。和谐是中华传统文化的精髓，就崇尚黄河论之，即是主张“人水和谐”。先民与黄河打交道，根由上是在人与水之间建立关系。人与黄河之间应该建立一种什么样的关系？实践也已证明：唯有“人水和谐”，才能使黄河成为一条真正的幸福河。千百年来，人们与黄河共生共存，一直都是在尊重、保护、调节、利用中努力实现“人水和谐”。因此，一部黄河治理史，在文化层面上就是一部“人水和谐”发展史。臻于美、贵于和、尚自然的价值观念，是始终熔铸于劳动者的血脉之中的。

**2. 包容开放的“和同精神”**

中国的传统文化是以儒家文化为代表、为主体的文化。中国传统文化的包容性首先体现在厚德载物思想上。在中国传统文化中，对自然的理解是，天地最大，它能包容万物，天地合而万物生，四时行。从这种对自然的理解中引申出做人的道理：人生要像天那样刚毅而自强，像地那样厚重而包容万物。儒学主张“泰山不让土壤，故能成其大；河海不择细流，故能就其深”。这种精神使中国文化具有巨大的包容性，对外来文化向来不排斥。可以说，中华文化之所以博大精深，正是海纳百川的结果。中国传统文化的包容性还集中体现在儒家文化的多元开放的文化理念上。孔子的“君子和而不同”，《周易大传》的“天下同归而殊途，一致而百虑”，都是主张思想文化的多元开放。当前，全球化趋势迅速发展。有人曾提出，全球化所要求的人类素质包括“天下一家”的胸襟与眼界，“以天下为己任”的情怀与实践，胸怀开阔，兼容并蓄，反对一切不正义、不公平的行为，树立“为人类服务”的人道主义理想，关心和争取世界的和平、和谐。这些思想与黄河文化中的“和同”精神不谋而合。

**3. “自强不息”的民族精神**

数千年来，黄河哺育了华夏亿万儿女，但也为人类带来了深重的灾难。在与黄河的相处中，中华儿女逐渐形成了坚忍耐劳、勇敢顽强、自强不息、敢于拼搏的奋斗精神。治水先贤大禹历经十三载，与水患斗争，公而忘私，三过家门而不入，坚持不懈、不屈不挠、不畏艰险，遭遇种种治水的磨难，仍旧初心不改，最终取得成功。面对频发的黄河水患，古人没有逃避，而是采取“治”的自强精神，充满了自信和力量。

近代革命时期，以毛泽东为核心的中国共产党第一代中央领导集体带领下所涌现的井冈山精神、长征精神、延安精神等红色精神，无一不体现中华儿女自强不息的民族精神。

**4. 多元一体的“大一统”观念**

如果将长城看作是划界政治权力的一种防御象征，那么黄河就是促进形成“大一统”格局的重要驱动力。从历史发展和文化产生维度来看，黄河是促成中华民族大一统思想最重要的自然因素。上古神话中，黄帝平定战乱，统一中原，体现出中华民族崇尚和谐统一的民族观念。从黄河治理来看，大禹治水取得成功，为夏王朝的建立奠定基础，大禹的儿子启最终建立夏朝，建立中华历史上第一个统一国家。从农耕发展来看，以农耕文明为基础发展的小农经济，使人们形成追求民族统一的观念。历朝历代都认为得中原而得天下，西北和东南都是农耕文明极度发达后的自然外延。因生存、地理环境、自然资源而形成的国家发展策略，使黄河流域成为稳定的政治中心。在当代社会，“和谐社会”“和谐世界”、构建人类命运共同体，都是传统的“大一统”观念在新时代背景下的延续和体现。

## 第三节　黄河流域区域文化内涵

“九曲黄河万里沙”。黄河是中华民族的母亲河，孕育了灿烂辉煌的黄河文化。从地理角度来看，黄河发源于青藏高原巴颜喀拉山北麓各姿各雅山下的卡日曲河谷和约古宗列盆地，最终汇入渤海，呈“几”字形，自西向东流经青海、四川、甘肃、宁夏、内蒙古、陕西、山西、河南和山东 9 个省（自治区），横跨我国西部、中部、东部三大地区。黄河流域地域广泛，发展历史悠久，所衍生出的文化种类繁多，在黄河流域地方共同群体中存在一定的文化聚合性，从而形成黄河区域文化。

## 一、何谓“黄河区域文化”

一般来讲，区域文化是由不同地域地理区位、自然环境以及历史文化背景的差异性，所区分出来明显与地理区位有关的文化。同理，黄河区域文化则是指由黄河所流经的沿岸地区，在长期发展的过程中，由于地理、环境、历史等因素形成的独特的文化类别，代表并反映着该区域内人们在语言、行为、宗教、习俗等方面的共同特征。在千百年的发展历程中，黄河文化不断进行自我革新、完善以及归类，排除腐朽、陈旧的文化因素。发展至今，形成了适应当代社会发展的黄河区域文化。根据黄河流经地区以及文化内容的多样性，黄河区域文化从地理空间和区域文化角度，可以分为黄河上游地区的河湟文化、河套文化、陇右文化，中游的中原文化、秦文化、晋文化以及下游的齐鲁文化。

黄河流域从西向东横跨中国大陆三大地势阶梯，流域内所流经的地域环境广阔又复杂，生活在不同地理环境中的人们，所面临的社会问题也不尽相同。由此，所形成的文化也不相同。于是，在黄河文化这一大的地域文化范畴中，依据不同的地域特征及这一特征所造成的文化面貌的差异，形成了不同的文化区。文化区的范围和文化不是一成不变的，是不断发展和变化的。

## 二、黄河区域文化特征

### 1. 黄河区域文化具有地域性

黄河区域文化的特征首先体现在它的地域性上。在讨论某个文化区域时，通常是指那个特定区域空间范围内具有某些文化特质的类型文化。人们在谈论齐鲁文化、中原文化、河湟文化等黄河区域文化时，首先已经承认了其地域性。黄河区域文化在相对稳定的区域里形成、发展和传播，而这些区域在地理空间上几乎没有变化，具有比较明显的边界，这使得地域文化具有极大的空间稳定性。这种稳定性成为地域文化间互相区别的表现之一，不同地区在文化形态上的不同，才使得中华民族的文化丰富多彩。

**2. 黄河区域文化具有非物质性**

在人文地理学中，多数学者认为文化的结构由三个层次组成，即物质文化、制度文化和精神文化。其中，物质文化是指满足黄河区域内居民生活和生存需要所创造的物质产品及其所表现的文化，比如说，由人类衣食住行形成的服饰文化、饮食文化、居住文化、交通文化都是黄河区域物质文化的表现形式。黄河区域文化中的制度文化（社会文化），反映个人与他人、个体与群体之间的关系，表现为各样的制度，如政治、经济、文化、教育、军事、法律、婚姻等，在这些制度下，人与人之间有规范的行为准则。精神文化是人类在社会实践和意识活动中长期培育养成的价值观念、思想方式、个人情操、审美情趣、民族性格、传统习俗、宗教感情、道德规范等，是生活在黄河流域的先人在改造自然和社会过程中的思维活动和精神活动，也是文化整体的核心部分。

**3. 黄河区域文化具有传承性**

正如自然界生物的新陈代谢一样，黄河区域文化也处于动态的发展变化中，不断经受着内部文化的纷争和外部文化的冲击。黄河区域文化的纵向继承和横向融合，吸收了区域内外文化的特点，调和了纷繁冗杂的内外矛盾，进而整合了各个区域文化的内部结构，将它们共同置于地域文化载体中，才使得地域文化不断发展，呈现出蓬勃的、持久的生命力。

**4. 黄河区域文化具有多元性**

任何具有地域特性的文化之间的差异性是绝对的，而这种差异性又不仅仅表现在不同地域文化之间，地域文化的内部也存在多元性，黄河区域文化也不例外。黄河流域幅员辽阔、自然环境迥异，地理位置、风景气候、矿产资源、动植物等要素的不同，形成了黄河流域各个区域的天然差异，如塞外草原放马牧羊，中原地区精耕细作，高原山区出行艰难，沿海地区沟通世界。自然环境给当地人民带来不同的生产、生活条件，形成了区域文化的后天差异，表现在文化、语言、民俗、宗教、行为、性格等方面。

## 三、黄河文化与黄河区域文化关系辨析

黄河是中华民族的母亲河，是中华文明的摇篮。黄河文化是中华民族传统文化中的主流文化，或者说是主体文化、民族文化、国家文化，在中国，乃至世界文明发展史上，都占有重要地位。从文化范围层面来看，黄河文化以黄河为纽带，自西向东横贯我国诸多区域，形成多类型的黄河区域文化，区域文化又对外辐射，使黄河文化在我国的实际影响地域范围进一步扩大。在当下研究中华传统文化体系的过程中，一些学者常常以黄河文化为视角，对黄河各区域文化及其他文化体系进行审视，以此更加全面地梳理中华传统文化的脉络，由此显现出黄河文化在中国传统文化中的主流地位。因此，黄河文化与黄河区域文化相生相长、互为依存，共同构成了中国作为文明型国家的内在依据。

从黄河区域文化的个例来看，以黄河区域文化中的中原文化为例，其莅中原而揽古今。中原文化依托于河南省，位于黄河中下游，在整个黄河文化体系中占据重要地位，“问鼎中原”“逐鹿中原”等都是中原文化的内容。中原地带是我国古代思想文化的发祥地。伏羲、炎黄二帝等人文始祖的传说诞生于此，并流传至今，联结了华夏子孙内心深处魂牵梦萦的根亲情结；周公制礼作乐于洛阳，孔子“入周问礼”于洛阳，因此洛阳成为礼乐文化肇始之地，创儒学道统；程颢、程颐兄弟二人在伊洛之滨建立洛学，是对孔孟儒学的继承与发展：都是中原文化的经典代表。

从黄河区域文化的整体发展来看，黄河文化具有崇道、重德、贵礼

等整体性、一元性特征。从上中下游区分，黄河文化包括河湟文化、关中文化、河洛文化、齐鲁文化等，这些文化特点不同，共同构成了黄河文化的多样性和丰富性。如果说河湟文化具有多民族交融性特征，关中文化具有重礼法的特质，齐鲁文化秉承了“仁德”“王道仁政”模式，那么，以河洛文化为代表的中原文化则具有外儒墨、内道法的深层文化结构。长期以来，作为黄河文化核心主干、基本支撑和集中体现的中原文化，蕴含着黄河文明的内容精髓和思想精华，以其生生不息的力量支撑着黄河文化、黄河文明，并为其提供永不干涸的源头活水。

因此，黄河区域文化与黄河文化是共性与个性的关系，黄河区域文化丰富了黄河文化的内涵与精神，同时，各个区域文化共同构成了具有地域性、传承性、多元性特征的黄河文化。两者相生相长、互为依存。

## 第四节　黄河流域区域文化分类

文明的发展总是与水关联密切，人类总是逐水而居，文化古城也大都依水而建，水文化模式中既包括各自具体的城市水系空间形式，又有与之相伴随的文化形态。

自古以来，黄河流域就被视为中华民族的摇篮，是华夏文明的发源地、中华历史文化之源。作为一种独特的水文化，黄河文化是中华民族传统文化的主体。习近平总书记曾指出，“在我国 5 000 多年文明史上，黄河流域有 3 000 多年是全国政治、经济、文化中心，孕育了河湟文化、河洛文化、关中文化、齐鲁文化等”。

### 一、黄河流域区域文化概述

从空间分布看，黄河发源于青藏高原巴颜喀拉山北麓各姿各雅山下的卡日曲河谷和约古宗列盆地，流经青海、四川、甘肃、宁夏、内蒙古、陕西、山西、河南、山东9个省（自治区），在山东省注入渤海。从上中下游区分，黄河文化主要包括源头文化（青海、四川、甘肃）、河湟文化（青海）、河套文化（内蒙古）、秦文化（陕西）、晋文化（山西）、陇右文化（甘肃）、中原文化（河南）和齐鲁文化（山东）几大区域文化。从黄河文化生存的地理空间来看，黄河流域区域文化的生存空间与黄河干流区域的范围大致一致，即一般所说的青海、四川、甘肃、宁夏、内蒙古、陕西、山西、河南、山东9个省（自治区）（图1-1）。

图1-1　位于山西省吕梁市石楼县辛关镇的黄河奇湾

但是，如果从历史上看，黄河流域的范围比今天的75万千米$^2$要大，尤其是黄河的多次改道导致黄河在中下游的河道漂移不定。因此，从广义上说，黄河文化的生存空间超越了单纯的地理空间，在某种程度上，我们可以笼统地将西起青藏高原，东濒渤海和黄海，北连阴山和燕山，南以秦岭、淮河一线为界的大片区域，视为黄河文化赖以产生和生存的文化空间。但由于黄河流经地区的广阔和地理环境的复杂，先后跨越了青藏高原、黄土高原、北部草原的河套地区、华北平原和滨海地区，不同的自然环境和人文环境，必然使黄河文化在这种特殊空间条件下形成一种内容极其丰富、同中有异的文化系统。由此，较为宽泛的黄河文化的概念应该是涵盖了上述较大区域的包含了许多小区域文化的大的系统的文化。

从物质化存在的空间布局来看，黄河文化的中心伴随着历史的发展而发生变化，即从早期的黄河上游地区，逐渐向黄河下游地区转移，在地理方位上大致是自西向东的移动（当然，在特定历史时期，也曾发生过短暂的由东向西移动）。换言之，黄河文化空间分布的主要地理空间在中国的北方地区，其发端的青藏高原和黄土沉积形成的黄土高原是早期黄河文化发达的地区，河套平原与广大的华北平原地区则后来居上，成为主要的黄河文化区域。黄河文化中心转移的决定因素在于黄河流域地区气候的变化，文化中心自然向更适宜人类居住的区域转移。这一特征，既奠定了黄河文化形成的基础，又推进了黄河文化几千年演化。

从黄河流域区域文化分布的时序性上看，其特点首先在于黄河文化所代表的文明是世界众多流域文明中唯一没有间断的文明形态。在世界范围内，其他文明形态因各自不同的原因都先后陨落了。但黄河文明却绵延几千年，直到今天，中华文化其精神实质上仍是与古老的黄河文化一脉传承的。以黄河文化为内核的华夏民族共同体，仍是今天这片古老大地上的主人。另外，诞生于黄河流域文化的汉语，仍是今天中国主要的语言形态。更重要的是，黄河文化几千年形成的民族精神、伦理道德、价值观念在今天仍深深地影响着中国人。这些薪火相传而辉耀千古的力量，就是黄河文化的内在精神。

## 二、黄河区域文化协同旅游业高质量发展

### （一）黄河区域文化协同旅游业高质量发展意义

#### 1. 对于黄河区域文化保护传承和合理利用意义重大

黄河流经我国 9 个省（自治区），地域面积广阔，奠定了黄河流域悠久的文化历史、深厚的文化底蕴以及宝贵的文化遗产资源，文化价值

极高。黄河区域文化协同旅游业高质量发展是保护、传承、弘扬黄河区域文化的重要途径，有利于延续历史文脉，带动当地经济、文化、社会同步发展。把黄河文化融入旅游产业中，能够丰富黄河旅游资源的文化内涵，提升黄河旅游资源的竞争力，通过旅游资源把黄河文化的丰富内涵展现出来，让更多的人了解黄河文化的魅力，从而推动黄河旅游资源的深化发展。虽然各个黄河区域文化都有着丰富的文化资源，但目前，各个区域对其区域内的文化资源挖掘、保护和传承的力度不够，如山西省的“布老虎”吉祥民俗，被誉为黄河流域传统文化的宝贵遗产。其中最具代表性的国家级非物质文化遗产——山西省长治市黎城县的“黎侯虎”，是民间艺人智慧的结晶，也寄托着百姓祈福的美好愿望。“黎侯虎”吉祥民俗是集图腾崇拜、历史传说与审美观念于一体的民间文化，但在如今的“快餐时代”，人们似乎已经遗忘这只布老虎的吉祥寓意。当今，市面上小猪佩奇布偶批量生产，家喻户晓，而国家级非物质文化遗产的“黎侯虎”却无人问津。对于民间手工艺的制作者来说，时间成本与得到的回报实在不成正比，其生存举步维艰，使得如此具有情感温度的民间习俗在现代社会中渐行渐远了。这虽只是个例，但其代表的问题在黄河各个区域中均有体现。面对此类问题，可以通过发展黄河文化旅游产业把“布老虎”吉祥民俗文化融入旅游产业中，使得更多的人了解“布老虎”吉祥民俗，有利于其技艺的传承和保护。融入旅游资源文化内涵，在推动旅游产业良性发展的同时，也有利于保护和传承传统文化（图 1-2）。

图 1-2　非物质文化遗产“布艺虎工艺”——黎侯虎

#### 2. 对于黄河区域旅游业高质量发展意义重大

在后疫情时代下，随着文化旅游业的不断发展，在 2023 年旅游业进入高速发展的阶段，人们对于旅游、出行的需求比以往任何时候都更加强烈，这一背景无疑为发展黄河区域文化旅游注入了强大动力。随着旅游资源文化内涵不断丰富，旅游形式丰富化、多样化，不断推出研学旅游、红色旅游、康养旅游等旅游产品类型，黄河旅游产业也取得了跨越式发展。文化内涵的融入使得黄河旅游资源有了灵魂，摆脱了传统旅游项目游览式的发展桎梏。通过塑造文化形象意识，将丰富的黄河文化具体化、场景化，能够增强游客对黄河文化内涵的体验感，提升旅游资源的延续性，推动旅游资源产品创新发展，实现黄河旅游产业的科学发展。但如今出现了多种文化旅游项目，其旅游服务参差不齐，且存在重复建设的问题，没有充分发挥文化资源在推动旅游资源转型升级中的作用。要深挖黄河文化的内涵，不能局限于表面，而是要在避免文化旅游项目重复建设的同时，提升文化旅游的优势，推出一批高质量的文化旅游项目，以此来促进黄河文化旅游的良性发展，真正使人们在旅游中感受到黄河文化的深刻内涵，提高黄河文化的影响力。

### （二）黄河区域文化协同旅游业高质量发展途径

#### 1. 对黄河区域文化资源深入挖掘

在文化旅游的发展中，文化是直接影响旅游产业发展成败的关键因素，所以要深挖黄河文化内涵，讲好“黄河故事”，营造良好文化旅游氛围。开展黄河流域文化资源普查，对黄河文化进行系统性保护工作，分阶段适时开展黄河流域文化资源普查工作。完善黄河流域文化资源普查建档制度，建设黄河流域文化资源公共数据平台。强化分级分类保护，加强非物质文化遗产生产性保护、抢救性保护和整体性保护，加大对亟须保护资源和项目的扶持力度。贯彻落实《国家级文化生态保护区管理办法》，加快国家级文化生态保护区建设，使黄河各区域文化与当地旅游资源深度融合，推出多种类型的文旅产品，充分展现黄河文化资源优势。各省（自治区）要结合自己的文化优势，深入调查、充分论证，在文旅资源结合的基础上加强与其他产业的联合，延伸产业链，形成具有地方特色的文旅产业，推动黄河文化旅游的新发展。成立黄河文化保护传承专家咨询委员会，深入研究河湟文化、陇右文化、中原文化、齐鲁文化等黄河区域文化的历史溯源、发展历程和基本走向，挖掘黄河区域文化蕴含的时代价值。开展黄河区域文化的普及教育工作，黄河流域的各省（自治区）将其区域内黄河文化保护知识纳入教育体系。黄河各区域培育以黄河文化为核心内容的有国际影响力的文化活动。利用人文交流活动、文化和自然遗产日、传统节日等重要节点集中展示推介黄河区域文化整体形象，营造全社会共同参与黄河区域文化保护传承的良好氛围。

**2. 拓宽黄河区域文化投资途径**

发展文化旅游是当前促进旅游产业健康发展的重点内容，如何把黄河流域各省（自治区）地域特色文化资源转化为旅游优势，实现文旅产业的高质量发展是黄河区域文化赋能旅游业高质量发展所面临的首要问题。目前，黄河流域各省（自治区）的黄河文旅产品数量、种类众多，但是高质量的文旅产品数量有限，其根本原因在于缺乏资金的投入，投资来源较少，致使黄河区域文化资源开发始终停留在表面，难以实现深入的高质量发展。黄河区域文化旅游的高质量发展需要大量物力资源与人力资源的投入，政府及相关部门需统筹现有各类文化和旅游财政专项资金，建立文化旅游产业专项基金，加大物力资源及资金的投入，尤其是基础设施、配套服务设施的投入和建设，如交通规划条件、休息设施、服务区等。沿黄九省（自治区）应将黄河区域文化的保护、公共设施的建设及公共服务的经费纳入各级财政预算，并作为重要评估指标。建立创新融资机制，鼓励和引导社会资金参与黄河文化旅游带建设，完善扶持政策。政府可采取多种调控措施，调动企业参与开发文旅项目的积极性，多方参与投资，从而拓宽投资渠道，为黄河区域文化赋能旅游业高质量发展提供充沛的资金支持。

**3. 构建黄河区域文旅资源规划体系**

黄河区域文化不是某一地区的独有，而是分布在黄河流域的各个省（自治区）。因此在进行文化旅游资源开发时，首先要对单一的文化资源进行整体规划，加强各省（自治区）的协作，对于同类型文旅产品进行融合，将具有当地特征的文化产品进行提炼和挖掘，一方面避免旅游项目模式化、复刻化，降低游客的期待值与体验感，另一方面，有利于对当地文化进行保护、传承和发展。这就要求各省（自治区）加强联动合作，对黄河区域文化旅游资源进行统筹规划，形成文化产业群，营造良好的合作氛围，建立各省（自治区）之间文旅资源开发的沟通机制，互相学习借鉴，打造具有国际影响力的黄河文化旅游带，推动黄河文旅资源整体发展。其次，要激发黄河流域各省（自治区）内生动力，依托黄河文化旅游带，建立健全区域文化保护的协调机制。黄河流域各省（自治区）是推进黄河文化保护、传承和利用的主体，各县、市、区承担各项任务落实的直接责任。例如，充分发挥山东省沿海城市群的龙头作用，加强郑州市、西安市国家中心城市的带动作用，形成“中原城市群”“关中平原城市群”、几字湾城市群等的联动发展，形成黄河区域文化联盟，推动黄河区域文化的创造性转化和创新性发展。黄河流域各省（自治区）相应部门需紧密联系、沟通协商以及合作交流，共同开展跨区域重大文化遗产保护，举办各类文化遗产文化节、展演活动等多种形式的联合活动。加快制定黄河区域文化旅游的发展规划，确定空间范围，明确发展定位，提升整体形象、突出重点问题等进行整体规划，在传承各区域黄河文化特色、环境特色和资源特色的同时，还需要塑造黄河区域文化旅游品牌的形象，推动黄河区域文化旅游资源的整体发展（图 1－3）。

图 1－3　2023 年 4 月 17 日，在山东省东营市举办的
黄河大集暨沿黄 9 省（自治区）手造民俗展

# 第二章 源头文化和旅游业协同发展研究

“九曲黄河万里沙，浪淘风簸自天涯”。作为中国第二长河的黄河，因其干流多弯曲，素有“九曲黄河”之称。黄河全长 5 464 千米，属太平洋水系，发源于青海境内，青藏高原巴颜喀拉山脉北麓各姿各雅山下的卡日曲河谷和约古宗列盆地，北邻昆仑山脉，南邻唐古拉山脉，自西向东分别途经青海、四川、甘肃、宁夏、内蒙古、陕西、山西、河南及山东 9 个省（自治区），最终汇入渤海。

作为黄河文化的源头和基石，源头文化具有深厚的历史底蕴和独特的文化价值。旅游业则依赖于自然资源和人文资源的发展，具有广阔的市场前景和可持续发展的潜力。因此，将源头文化和旅游业进行协同发展，能够实现文化和旅游的相互促进，推动地区经济社会的全面发展。

## 第一节 “源头文化”与“黄河文化”

“君不见，黄河之水天上来”。黄河是中华文明的发源地，是中华民族的母亲河，历经五千年，养育世世代代中国人，始终发挥重要作用。在人们印象中，黄河水量大、含沙量高，每年都会携带十几亿吨泥沙，部分流入大海，部分沉积下来形成冲积平原，给下游带来灌溉水源以及肥沃土壤。一般提及长江源头，人们都知道是长江三源，北源楚玛尔河、正源沱沱河、南源当曲。当提及黄河源头时，知道的人却寥寥无几。那么，黄河之“源”究竟在哪？

## 一、黄河湖“源”

按照时间线来看，其实，早在战国时期，先辈就开始溯源黄河。最早有关黄河源头的记载是战国时代的《尚书·禹贡》，据其记载，“导河积石，至于龙门”。所谓“积石”，在今青海省海东市循化撒拉族自治县附近，距黄河源尚有相当的距离。唐太宗贞观九年（635），侯君集与李道宗奉命征击吐谷浑，兵次星宿川（即星宿海）达柏海（即扎陵湖）望积石山，观览河源。唐穆宗长庆元年（821）刘元鼎奉使入蕃，途经河源地区，得知河出紫山（即今巴颜喀拉山脉）。正式派员对河源地区进行勘察是在元至元十七年（1280），元世祖忽必烈命荣禄公都实为招讨使，佩金虎符，往求河源，历时四个月，查明两大湖扎陵湖、鄂陵湖的位置，史称“二巨泽”，合称“阿剌脑儿”，并上溯到星宿海，之后绘出黄河源头地区最早的地图。

到清代康熙四十三年（1704），康熙帝命拉锡、舒兰探河源。探源后绘制《星宿河源图》，并撰写《河源记》，指出“源出三支河”，向东汇入扎陵湖，均可当作黄河源。康熙五十六年（1717），康熙帝遣僧人楚尔沁藏布、兰木占巴等前往河源地区测图。乾隆年间（1736—1795）齐召南撰写的《水道提纲》中指出，黄河上源三条河，北源为扎曲，中源为约古宗列曲，南源为卡日曲，将中间一条叫阿尔坦河（即玛曲）定为黄河的“本源”。

到了近现代，关于黄河源头的定义主要包括两种观点：一种观点认为，黄河的源头位于巴颜喀拉山卡日扎穷的约古宗列盆地西南隅的玛曲曲果；另一种观点认为，黄河发源于卡日曲，源头在巴颜喀拉山脉塔鄂热西北约 2 千米处，行政隶属玉树州称多县扎朵镇。1952 年，黄河水利委员会组织黄河河源查勘队，进行黄河河源及从通天河调水入黄可能性的查勘测量，历时 4 个月，确认历史上所指的玛曲是黄河正源，行政隶属玉树藏族自治州曲麻莱县麻多乡。1978 年，青海省人民政府、军区邀请有关单位组成考察组进行多次实地考察，发现卡日曲源于各式冬雅和那扎仁，当为正源，其水源源远流长，水色同于玛曲，水量较大。因此，最终确定卡日曲为黄河正源。

1985 年，黄河水利委员会根据历史传统和专家意见确认玛曲为黄河正源，并在约古宗列盆地西南隅的玛曲曲果树立了河源的标志。2008 年，三江源头科学考察队考察后认为，由于卡日曲比约古宗列曲长 36.54 千米，流量比约古宗列曲多两倍，按照国际上河流正源确定的三个标准，即“河源唯长、流量唯大、与主流方向一致”的标准，同时考虑流域面积、河流发育期、历史习惯，考察队建议在科考成果通过评审后，经过法定程序审核批准，将黄河源头定为卡日曲。

星宿海，位于扎陵湖的西侧，海拔 4 200 米以上，是一片由上百个大小湖泊组成的沼泽洼地，这些大大小小的湖泊在阳光的照耀下闪闪发光，犹如夜空的星星一般，因此被称为“星宿海”。星宿海地区，人烟稀少，道路简易，是隶属于青藏高原内的一个山间盆地，盆地内部分布着草地、沙漠以及沼泽地，这里一年之中没有明显的季节变化，只有漫长的冬季与短促的夏季。由于四周山上的冰雪融水，在卡日曲地区也形成了许多类似星宿海的小型湖泊群，因此，对于黄河的源头，星宿海已经成为一个统称。虽然这里海拔较高，但山体相对高度都在 1 千米以下。例如，卡日曲的源头山峰，海拔也仅有约 4 800 米。黄河源头北侧隔昆仑山，是荒漠化的柴达木盆地，而向南不远处就是长江与澜沧江的发源地。星宿海在古人心中曾被认为是黄河的发源地，现在依然也有这种说法，因为在星宿海的上游有三条河流，分别汇聚到这里，然后才注入扎陵湖，流向下游地区，而这三条河流也就是黄河正式的发源地，分别是扎曲、约古宗列曲、卡日曲。其中，扎曲一年中大部分时间都处在干涸状态，因此将其当作是约古宗列曲的支流。对比而言，卡日曲则是长度最长、流域面积最广的一条河流，尤其在旱季时也不会出现干涸，因此就目前而言被认为是黄河真正的源头。

卡日曲，藏语意为“红铜色的河”，位于海拔 4 830 米的各姿各雅山下。其源头是五条从山坡沟渠流出的小泉水，河道最窄处宽约 1 米，深度也不及 1 米，这条溪流自西南向东北流过狭长且平坦的卡日曲河谷，途中汇入大小不一、流量不同的众多支流，逐渐形成深度约 1 米、宽度约 10 米的小河流。河流清澈，有许多大小、形状各异的“海子”在河流两岸。河水穿过百余千米峡谷与约古宗列曲相交汇，注入玛曲河。

约古宗列曲，藏语意为“炒青稞的锅”，这是当地的藏族人根据当地地形而取的一个形象的名字。约古宗列盆地其形状为椭圆形，四周山岭环绕，东西长约 40 千米，南北宽约 60 千米。该区域有百余个小湖泊，俯瞰犹如数百晶莹透亮的珍珠镶嵌。周围是天然牧场，牧草茂密。盆地西南处有一面积约 3 米$^2$ 的小泉，不断喷涌而出的泉水汇聚盆地内渗出来的无数溪流，形成一条宽度约 10 米、深约 50 厘米的溪流。在星宿海处，约古宗列曲与卡日曲汇合，称之为“玛曲”，藏语为“黄河”之意，当地人称之为孔雀河。由于这段流域河道宽、深度浅、流速慢，形成众多小水泊和大面积沼泽及草滩。其景象如名字，如孔雀开屏一般。

1952 年将约古宗列曲定为黄河正源时，人们还未发现有卡日曲的存在，因此源头仅有碗口大小的约古宗列曲被认定是黄河的正源。后来在 1978 年夏天，国家考察队进行实地勘察后才发现，在河源地区共有三条河流汇入了星宿海，其中约古宗列曲和卡日曲相比，卡日曲较约古宗列曲长度多了近 30 千米，流域面积多 700 千米$^2$，水量也大了两倍之多，因此后来黄河正源也就被重新认定为现在的卡日曲。

黄河源头最明显的一个地方就是相邻很近的两个淡水湖——扎陵湖

和鄂陵湖。它们也成为最明显的一条分界线，因为从这两个淡水湖下游开始才正式被称为黄河，而湖泊的上游河段，卡日曲与约古宗列曲汇合后的玛曲，穿行星宿海、扎陵湖、鄂陵湖，经过玛多县玛查里镇后，才被称为黄河。后在黄河流域内，进入玛沁县和达日县，再流经甘德县、久治县，过久治县门堂乡后进入甘肃省（部分河段为甘肃、四川两省界河），并转了180°的“S”形大转弯，在欧拉进入甘青交界，后复回到青海省玛沁县、同德县、兴海县、贵南县、共和县、贵德县、尖扎县、化隆县、循化县和民和县，其中在民和县黄河大部分地段为甘、青两省界河。

那么，黄河源区从哪里开始界定？从地理上看，关于黄河源区归结起来有以下几种论点。其一是黄河在青海省境内的全部区域，均可称为黄河源区，包括黄河干流区、湟水、大通河、洮河以及大夏河，流域总面积为15.26万千米$^2$；其二是黄河干流与支流隆务河汇合口以上地区（含隆务河、大夏河、洮河）为黄河源区，其流域总面积为11.85万千米$^2$；其三是黄河干流龙羊峡以上为黄河源区，流域总面积为10.32万千米$^2$；其四是黄河干流唐乃亥水文站以上为黄河源区，流域总面积为9.24万千米$^2$；其五是黄河干流玛多县多石峡以上区域为黄河源区，流域总面积为2.09万千米$^2$。本文将黄河源区的范围确定为龙羊峡水库以上，位于青藏高原东北部的黄河流域范围，以及黄河源至黄河之间的区域（从卡日曲至青海贵德龙羊峡以上部分），涉及西藏、青海、四川、甘肃4个省（自治区）的6个州、18个县。黄河的源头地理意义重大，对整个黄河流域有着不可忽视的影响力。

## 二、黄河源地区自然风貌特征

在华夏文明与黄河共生共荣的5 000年间，黄河流域漫长的跨度以及多变的气候、地形共同造就了黄河流域不同的生态文明。作为承载历史千年文明的大河，黄河源地区的源头文化是由当地独有的自然景观特征所孕育的。在独特的地域环境下逐渐形成了特色鲜明的黄河源文化。

**1. 地质特征**

黄河源区具有独特的自然风貌，河源地区地势中间“凹”，四周“凸”，中间地势平坦，四周为冰山雪岭。该地区山头浑圆，河流、湖泊、沼泽众多，属于高原宽谷盆地，具有山原湖泊沼泽地貌特征。这里河谷平坦开阔，有冰川广泛分布，水系丰富，水质较好。众多河道为河源地区带来生机，河道沿线附近为融区，其余大部分为永久冻土。其主要土壤类型有高山草甸土、寒漠土、沼泽土以及大面积连片盐渍土。土层较薄、质地较粗，山前广布洪积扇，多为巨砾、碎石、粗砂。区内无森林，只有禾本科、莎草科、豆科占优势的植被类型和少量的金露梅灌丛等，水、草资源丰富，适宜牧业生产，属纯牧业区。黄河源区草地覆盖率较高，适宜藏野驴的生长。因此，源区内玛多、曲麻莱、称多三县，自古以来便以游牧为主要生活方式，为该地区游牧文化奠定基础。

**2. 气候特征**

黄河源区气候属高寒半干旱区，气温随海拔增高而递减，年均气温－5℃左右，昼夜温差大。这里风雪灾害多、干旱少雨、光照辐射强，无绝对的无霜期，无明显的四季之分，仅有冷暖两季之别。冷季漫长，达 8 个月，多大风和沙暴；暖季短促，雨雪较多暴雨集中，河流补给以降水和冰雪融水为主。

## 三、“源头文化”的独特文化资源

作为华夏民族的母亲河，黄河养育了中华民族的五千年文明。探寻黄河的印迹，黄河文化始终贯穿于整个中华历史的脉络中。黄河源又是黄河的发源地，孕育出这条文化长河。在高原气候的黄河源区，受自然条件的制约，居住在这里的游牧民族过着以草地畜牧业为主的生产生活方式。他们与黄河的相处中，在保护、利用黄河自然、经济、文化资源的道路上，不断转变着其固有的思维，逐渐建立了黄河源头区域独有的文化资源。

**1. 生态文化**

黄河历经千百年的历史变迁，形成了丰富的物质和精神资源，被称为黄河文化。从古至今，黄河治理是人类与水和谐相处的永恒话题，但是当时单纯的治水防沙，为的是防治水难灾害、利用水创造财富。现如今，在新时代的黄河源头区域，展现出的更多是人与自然河流和谐发展的新局面。作为黄河源头独有的特色文化，当地居民依靠土地天然属性，在生态环境与经济效益中权衡利弊，寻求发展共赢，将处在高寒区域的生态黄河保护并利用起来，迈向可持续发展的健康道路。也就是说，只有科学治理黄河流域环境，才能实现生态文明建设，改善水源涵养，成就黄河源生态文化。

**2. 畜牧文化**

黄河源区地处高寒地带，气候温度较低，并且很容易受到干旱、冰雹等恶劣气候条件影响，与平原地区相比，其土层较薄，农作物生长受限，不利于传统农业的发展。与此同时，该区域的天然草场、可再生生物资源较为优越，为畜牧养殖业发展准备了得天独厚的自然条件。依托其自然资源优势，靠天养畜的传统游牧习惯成为当地居民特有的生活习俗，沿用至今。早期的黄河源区由于农业技术落后，气候条件较中原地带相对干燥寒冷，更加适宜草场生长。大面积广阔茂密的草地植被，为黄河源地区早期的畜牧文化奠定了坚实的基础。

**3. 旅游文化资源**

属于三江源之一的黄河源旅游文化资源种类十分丰富，黄河源区处于三江源腹地，河流径流大多属于冰川融水汇入，区域内分布大量冰川、雪山，因此，原生态自然景观较多，形成了独特的高原地带旅游文化资源。在大自然千百年的锤炼中，这些自然冰川各具姿态，与雪山、湖泊、草原一并构成壮丽的高原景观。例如，该区域内令人叹为观止的星宿海自然景区。玛多县境内位于黄河源头的鄂陵湖与扎陵湖，相距15千米，被称为“黄河源头姊妹湖”。在藏语中鄂陵湖寓意为“蓝色长湖”，扎陵湖寓意为“白色长湖”，两湖像两颗碧绿的松耳石，镶嵌在青藏高原上。位于青海省海南藏族自治州共和县境内黄河上游的龙羊峡，“龙羊”藏语系“险峻沟谷”之意，龙羊峡水库大坝被称为“黄河第一坝”。其雄浑粗犷的高原原始地貌、高耸冷峻的冰川雪山、广阔无垠的高寒草甸草原、大种群分布的高原特有野生动物等，在这片土地上共同形成河源地区旅游资源的独特象征，充分展现着完整的“世界第三极”自然原生态景观。同时，也吸引大量旅游者、探险者去观光、考察。除自然生态景观外，黄河源旅游区的人文景观也独具特色，展示了浓郁的民族风情，使得黄河源旅游区具有较高的美学价值和旅游价值。

## 第二节　源头文化和旅游业协同发展现状

源头文化是黄河文化体系的根基，具有重要的历史、文化、社会和经济价值。保护和传承源头文化是实现源头文化和旅游业协同发展的基础和前提。然而，在现代社会的快速发展中，黄河源头文化面临着失真和异化的风险。因此，有必要通过文化普查、加强文化教育等措施来增强对于源头文化的了解和现状分析。

### 一、黄河源地区源头文化资源概述

属于三江源区之一的黄河源地区存在大量的自然生态景观以及历史人文景观，这为黄河源头文化赋能旅游业高质量发展提供了宝贵资源。

目前，该地区自然生态景观主要包括三大类，即地文景观类、水域景观类以及生物景观类。其中，地文景观类主要包括黄河源头、黄河谷地、官仓峡巴颜喀拉山、花石峡石山、雅拉达则峰和措哇尕则峰等；水域景观类主要包括扎陵湖、鄂陵湖、星宿海、哈姜盐湖、冬格措纳湖、那可河等；生物景观类主要包括森林、草原、兽类、鸟类等，有大型狩猎场——黄河源国际猎场。其当前历史人文旅游景观可以区分为三大类，即古迹与古建筑类、休闲求知类、购物类。古迹古建筑类包括格萨尔赛马称王遗址、格萨尔王王妃珠姆宫殿遗址、莫格德哇遗址、牛头碑、玛多黄河大桥、卡克寺、和科寺、曲那迈寺、错日尕泽寺等；休闲求知健身类主要包括玛多经山、泊海迎亲滩、黄河源水电站、兴海温泉、赛宗山、阿尼玛卿雪山等；购物类有大武镇景区。

按照黄河源生态旅游地区来划分，可将其重点生态旅游景区划分为黄河沿线亚区、阿玛尼卿亚区、格萨尔文化亚区、蒙藏文化结合亚区、大年保玉则亚区五大类型。其中，黄河沿线亚区包括东格措纳湖景区、黄河谷地观光休闲区、中铁森林生态旅游区、兴海温泉景区、官仓峡景区、赛宗山景区、河北森林旅游景区等；阿玛尼卿亚区主要包括阿玛尼卿景区、大武镇景区、拉加寺景区等；格萨尔文化亚区主要涉及隆恩寺—德尔文村景区、格萨尔王莲华生殿景区、查朗寺—狮龙宫殿景区等；蒙藏文化结合亚区主要包括麦秀国家森林公园、河南草原旅游区、和日德尔顿寺景区等；大年保玉则亚区主要包括年保玉则景区、白玉寺景区、马可河景区等。

玛多，藏语意为“黄河源头”，县城所在地黄河沿藏语称为“玛查理”，是黄河源地区所涉及的重要县域，同时也是我国三江源国家公园——黄河源区生态体验的重要阵地。从古至今，玛多县都是古道重要的驿站或渡口，起着区域衔接和过渡的重要作用。现如今 214 国道也从此经过，串联着西藏、青海、四川、云南等重要节点地区，唐蕃古道的历史使命依旧在延续。拥有佛教和格萨尔王传说的双重加持，玛多县其厚重的历史文化底蕴以及无数神话传说为黄河源地区披上了神秘且神圣的面纱。例如，位于姊妹湖之间，措日尕则山顶的黄河源头纪念碑，象征着民族精神；格萨尔王王妃珠姆宫殿遗址和格萨尔赛马称王遗址、相传文成公主与松赞干布相会之处的迎亲滩、莫格德哇遗址等，都传承着藏族历史文化，对于研究黄河流域及其源头文化具有极高价值。除此之外，这里还有挂满经幡的经山、“万里黄河第一桥”、港澳回归纪念碑等众多人文景观，为民俗文化体验游提供了良好的平台。特殊的自然地理条件造就了玛多县独具特色的自然、人文旅游资源。由于自然条件恶劣，玛多县大多地区至今仍为“无人区”，较完整地保留着自然界的粗犷原始面貌，体现着原始古朴的自然美，远离喧嚣城市加上人口稀少使得这里空气清新，水质优美，草原环境优良。这些独特的旅游资源构成了玛多县生态旅游发展的基石（图 2-1）。

图 2-1　三江源国家公园可可西里保护区的藏羚羊

黄河源头地区自然资源丰富，众多河流和湖泊汇聚，形成了一个壮丽的千湖景观。黄河源头的三大支流——扎曲、约古宗列曲、卡日曲在此地汇聚，为纪念黄河源头的牛头碑坐落在境内的措日尕则山顶峰，在此处不仅能够看到壮美的“千湖景观”，而且能够一睹母亲河源头风采。在地质演变的进程中，玛多县境内形成众多大大小小的湖泊景观，犹如碧绿珠宝散落于高山草地间，其中最具代表性的湖泊有被称为“姊妹湖”的淡水湖——扎陵湖和鄂陵湖，高寒潮湿，地域辽阔，牧草丰美，

2004年被列入国际重要湿地保护名录。此外，还有星宿海、哈姜盐湖、冬格措纳湖等。星宿海是一个狭长盆地，晴空万里时，湖泊一个接一个，熠熠发光，宛如天上繁星降落，极具神秘色彩。冬格措纳湖又名“托索淖尔”，藏语意为“黑海”，为半咸水湖，是果洛藏族自治州的第三大湖泊。湖中偏北部有小岛，每年4—10月，岛上珍禽异鸟聚集。湖北岸有一处温泉，严冬时节总有天鹅在温暖的湖水中觅食嬉戏，2018年，三江源国家公园黄河源区管委会明确提出禁止一切单位和个人进入扎陵湖、鄂陵湖、星星海等源头保护地开展旅游活动。

这片地区孕育了湖泊、河流和湿地等独特的高原生态系统，其中栖息着多种保护动物，成为这片土地真正的主人。藏野驴、藏原羚等生长于此，高原鼠兔和喜马拉雅旱獭也时常出没。将目光投入湖泊之中，就会看到翻越喜马拉雅山脉迁徙千里成群的斑头雁嬉戏玩耍；还有世界上唯一一种在高原生长、繁殖的鹤类——黑颈鹤悠闲地漫步于湖边，构成美妙的画卷；时常有金雕和秃鹫盘旋于上空；食物链顶端的雪豹也在不为人知的地方巡逻着属于它的领地。黄河源国际猎场总面积37万公顷，分别由黑河乡境内的冬格措纳湖猎点、扎陵湖和鄂陵湖猎点、黑河乡野马滩猎点组成。数量较多、可供开发利用的野生动物包括藏野驴、藏原羚、岩羊、雪鸡等，为发展狩猎旅游提供较充足的野生资源。1996年林业部正式批准其为国际狩猎场。花石峡石山又名“花石山”，藏语意为“白色的牦牛”，山上怪石突兀，阴坡生长有灌木丛，主要以高山柳为主，石羊、雪鸡等野生动物不时出没其间，也是登山、狩猎的好去处。黄河源区的自然环境与悠久的人文历史交相辉映，构成了黄河源区宝贵的旅游资源。

综合来看，黄河源地区旅游资源主要具有以下两大特点：一是资源种类丰富，具备发展生态观光游的资源优势；二是旅游资源呈现出“大分散，小集中”的特点，有助于进行分批开发，实现旅游业串珠式发展。

## 二、黄河源地区文化旅游业发展现状分析

据玛多县国民经济统计公报数据，自2007年以来，玛多县旅游人数、旅游总收入呈逐年增长趋势，旅游收入对全县地区生产总值（GDP）贡献比率逐年增高。

**1. 在文化旅游品牌形象打造方面**

从整体上看，玛多县独特的地理区位塑造了其别具一格的自然生态、历史人文旅游资源，形成了“三张名片”的旅游品牌形象。“三张名片”所代表的是“黄河之源”“千湖之县”“格萨尔赛马称王地”。在民族文化产品打造上，主要是利用、发扬藏族文化。例如，展现民族风情的藏族服饰、歌舞；展现藏族佛教文化的建筑、绘画、雕刻等，都为展现民族服饰、手工艺品，传承民俗文化打下坚实的基础。以格萨尔赛马称王遗址、格萨尔王王妃珠姆宫殿遗址、莫格德哇遗址为代表的史诗文化，以格萨尔赛马称王、文成公主与松赞干布相会为代表的历史文化，为民俗文化体验游提供了便利的途径。这些独特的旅游资源构成了玛多县发展生态、文化旅游的基础。

**2. 在旅游定位方面**

基于黄河源地区得天独厚的资源优势，形成了黄河探源和自然生态体验相结合的生态旅游发展模式，以便于展现具有“千湖景观”之称的自然景观、近距离参观稀有野生动物，以及体验藏族传统生活与民族风情。玛多县通过实施“大文化、大旅游”发展战略，打造以追溯历史、源头风光、科学探险为主要功能的西部黄河源头风光旅游区域。在重点开发生态旅游、体育登山的同时，兼顾宗教及民俗的源头文化旅游。为了更好地建设玛多县，还将建立以花石峡为中心的东部自然风光旅游区，集休闲、娱乐、狩猎等于一体，逐步将其发展成为一个集生态旅游、科学考察和民俗文化旅游于一体的旅游目的地，并朝着规模化发展。

**3. 旅游经营模式及服务保障方面**

源源不断的黄河水孕育了肥沃的大地，然而，黄河源头地区的经济却在长时间里主要依赖门票和旅游消费等收入。遗憾的是，这里的基础设施不够完善，旅游配套服务相对不健全，导致游客的体验感较差，其满意度难以得到保证。近年，玛多县按照国家 AAAA 级景区标准筹措资金 15 亿元，加大对景区环境、景观建设等方面的投入，完善了景区停车场、标识系统、旅游公厕、安全设施、游客服务中心及旅游网站的建设，改善景区内主要功能性服务设施。玛多县先后捆绑建设完成黄河源景区门改扩建、迎亲滩游客服务中心等基础设施建设、县城游客服务中心、黄河源区文化广场、县旅游商业购物区、岭·格萨尔主题文化公园等一批旅游重大基础设施建设项目；此外，玛多县还鼓励发展牧家旅店和商务酒店，全县新增了一批床位供游客使用；规范出租车运营管理，增强客运服务意识。

**4. 旅游业市场宣传营销方面**

玛多县打造文化旅游线的主要营销渠道为：一是选择一线城市，如北京、上海、广州作为客源地，宣传草原风情和生态观光兼备的旅游形象；二是针对黄河流域各省（自治区），开发以母亲河“寻根溯源”为主题的文化旅游，开发黄河源周边主要州、县客源市场。对此，玛多县积极安排营销费用 197.5 万元，主要采取“线下营销为主、线上营销为辅”的营销路径，包括编辑出版《大河的摇篮》图文书、《天上玛多》摄影画册、《黄河之源——玛多》宣传画册，制作《天上黄河》宣传光碟、黄河源景区旅游交通图和宣传折页等资料；与邮政部门联系，制作黄河源头地区明信片，完成《聚焦黄河源》《青海旅游》等旅游专刊的出版工作，协助中央、省、州各栏目组录制完成旅游专题节目。同时，玛多县通过举办“黄河源之夏”旅游文化宣传活动、“激情拥抱黄河源”征文比赛、“天上玛多”旅游宣传周和摄影展等活动，以及编排演出大型歌舞剧“天上玛多”，增强了玛多县历史人文气息，提升景区的知名度和吸引力。

**5. 旅游规划管理方面**

玛多县政府相继出台《关于加快旅游业改革发展的实施意见》和《关于加快旅游文化融合发展的实施细则》，编制了《玛多县旅游业发展总体规划》《黄河源景区建设性详规》《冬格措纳湖景区修建性详细规划》《星宿海景区修建性详细规划》《玛多县黄河源水利风景区总体规划》，形成了玛多县发展生态旅游的初步框架，为黄河源旅游业发展明确总方向。按照《三江源国家公园体制试点机构设置方案》，在管理职能及管理机构方面，玛多县及时组建了黄河源园区管理委员会，内设综合（党群）部、规划财务部、生态环境和自然资源管理局，下设资源环境执法局和生态保护站，受三江源国家公园管理局和所属州双重领导，以三江源国家公园管理局管理为主，负责园区内外自然资源管理、生态保护、特许经营、社会参与和宣传推介等。

整体来看，黄河源地区生态旅游资源具备以下几方面特点：一是旅游资源较为丰富，旅游产品品牌化思路较为清晰，围绕"两湖一河一碑"和"三张名片"逐步实现旅游资源串联发展。二是经营方式趋于产业化和标准化，购物区、文化公园、旅游服务中心等一批旅游重大基础项目取得了较快发展，带动了旅游资源的进一步开发。三是民族特色文化旅游资源丰富，具备科考游发展潜力。

## 第三节　源头文化与旅游业协同发展存在的问题

黄河源区是黄河流域最重要的水源涵养和水源补给区。黄河源区的生态保护直接关系黄河源区的水资源量乃至黄河流域高质量发展全局。然而，打造黄河源头旅游无疑会带来一些潜在的问题。随着社会经济的发展，文化旅游业快速发展。如何做到在生态环境保护的前提下打造黄河源头文化旅游，如何解决矛盾点，促进和谐发展，这是源头文化赋能旅游业高质量发展要解决的首要问题。

当前黄河源区生态保护存在的主要问题有：一是生态退化的总体趋势尚未得到根本遏制。二是源区所在的青海省境内90%为限制开发区和禁止开发区，生态保护和社会发展的矛盾较为突出。三是源区现有的生态补偿项标准偏低。四是源区的生态监测体系不完善。

近年，随着黄河源区生态保护成效突出，扎陵湖、鄂陵湖等对外知名度和影响力不断提升，引起了部分户外运动探险组织或个人的高度关注，加之交通方便，一些人擅自进入扎陵湖、鄂陵湖以及星星海等自然保护分区核心区、缓冲区进行旅游活动，严重破坏脆弱的高原生态环境和野生动物栖息地，而且存在极大的安全隐患。为有效保护扎陵湖、鄂陵湖和星星海自然保护分区地区生态环境和自然资源，维护黄河源头生物多样性，保障珍稀物种栖息地不受威胁，生态环境免遭破坏，保护好黄河源头，根据《中华人民共和国自然保护区条例》、中央环保督察问题整改意见等相关规定，玛多县政府向全社会发出通告：禁止在扎陵湖、鄂陵湖以及星星海自然保护分区开展旅游活动。此外，被明令禁止开展旅游活动的地区还有位于青海省果洛藏族自治州久治县的年宝玉则，这里作为三江源保护区的核心地带，是未经开发美到窒息的原始秘境。

面对越来越严重的河流污染，为了保卫母亲河——黄河，黄河的源头禁止外人靠近。黄河本身的依赖性对华北平原起到了关键性作用，若其源头遭到破坏，整片华北平原将面临水源匮乏的困难，即使掌握先进科技也无力回天。

对此，第一，应加强顶层设计，协调黄河流域经济发展与生态保护间的关系。统筹好黄河流域区域空间布局、生态保护、产业转型、水资源平衡、水污染治理、文化传承保护利用等领域。第二，加强黄河源区湿地生态保护与修复。加强对黄河源寒区湿地和冷水激流生物栖息地等极敏感区域的保护，维护上游多样性草甸、沼泽及特殊流水生境的生态与水文规律，保护特有珍稀濒危生物物种、遗传信息和生态系统多样性。开展龙羊峡水库淡水资源保护研究，加强特有土著鱼类栖息地及水生生物替代生境保护。进一步划定黄河源区禁止和限制开发河段，慎重开展水电开发项目，加强黄河源生态环境保护研究论证工作。第三，实施黄河源水源涵养工程建设，保护好黄河水塔。加强草地、灌丛植被的保护与修复，加强湖泊沼泽的生态监测和科学研究，建设小型水土保持生态保护工程（谷坊、护岸墙等）。构建好黄河源水资源水生态保护监测、监督和管理体系。第四，完善黄河源区生态补偿机制。支持和鼓励黄河流域上下游地区通过国家协调、省际协商建立横向补偿关系，采取资金补助、对口协作、增量收益、产业转移、人才培训、共建园区等方式实施横向生态补偿。第五，加快推进生态环境保护能力建设。继续完善黄河源区生态环境监测网络，完善生态、水文水资源、水土保持监测体系。开展黄河源区自然资源、河湖水域本底调查与评价。有针对性地开展退化生态系统修复技术、气候变化影响与适应对策等重大课题研究。加强专业人才引进及培养，提升科技支撑水平。

## 第四节　源头文化促进旅游业高质量发展路径

旅游业是现代服务业的重要组成部分，是重要的经济增长点。黄河源头文化是中国重要的传统文化之一，具有深厚的历史和人文底蕴，文化和旅游的深度融合可以促进文化和旅游的共同发展。源头文化旅游作为一个具有巨大潜力的产业，加强其开发对于当地经济、文化、社会和环境等方面都具有重要的意义。

### 一、强化黄河源地区“生态旅游+国家公园”建设

1994年，世界自然保护联盟（IUCN）制定的《保护区管理类别指南》提出，国家公园是主要以生态系统保护和游览为目的的实施管理的保

护区。三江源国家公园以三江源核心区生态环境、自然资源保护和适度旅游开发为基本策略，通过小范围的开发实现大范围的有效保护，是一种能合理处理资源环境保护与资源开发利用关系的管理模式。这就要求三江源国家公园旅游产业发展要具备生态保护修复、人与自然和谐共生、生态文化传承等基本职能。三江源国家公园的建立旨在建成青藏高原生态保护修复示范区，建成三江源共建共享、人与自然和谐共生的先行区，建成青藏高原大自然保护展示和生态文化传承区。因而，生态保护、生态教育、生态文明传承和旅游惠民是三江源国家公园的重要功能。基于国家公园的环保性、资源典型性、系统完整性等特性，三江源国家公园将成为我国生态旅游发展的重要组成部分。

依托三江源国家公园建设，构建黄河源区文化旅游发展新格局，不仅有利于黄河源头文化旅游资源的协调、整合，而且是破解三江源国家公园“飞地型”旅游发展模式的基本方案。在开发理念上，黄河源头文化赋能旅游业高质量发展需打破旅游业传统经济效应导向模式，依托黄河源头地区自然、文化以及政策优势，大力推行“生态旅游＋国家公园”的高原生态文化旅游的新型开发理念，将环境保护、聚集发展要素、产业生态化、人文关怀等多方面统筹考虑，进行综合创新发展。在经营模式上，激发河源地区市场主体多元化，实现政府主导、大力发展混合所有制经济，采用从政府到投资者再到村民，多方面参与的经营模式。黄河源地区旅游发展顺应三江源国家公园的阶段性的发展趋势，早期对于三江源国家公园发展建设，政府依托城镇化建设，统筹规划、布局一批农家乐、小型养殖企业等农牧业初级业态以及美食度假区、水上乐园休闲区、旅游综合接待中心和物流服务中心等旅游服务基础设施，实现旅游发展融入当地居民生活方式，不破坏本地原有生活习惯及特色。

## 二、打造“生态旅游＋科普教育”的源头文化特色旅游

水是生命之源，河源地区孕育了中华民族的母亲河——黄河。它不

仅是黄河的发源地，而且可作为中华文明的起点；不仅哺育了黄河两岸沿线地区数亿人口，而且孕育了辉煌灿烂的中华文明。黄河源头地区地理位置特殊，气候寒冷，冰川雪山林立，水源充足，天然湿地分布广泛，对于亚洲乃至于世界气候具有调节作用。黄河源头地区不仅是我国水源涵养的重要之地，而且保存了全球范围内罕见的生物基因库，对于生态环境的教育和示范具有独特意义。对于旅游者来说，其旅游体验主要来自处于特定环境下所产生的特定文化的感知、认识以及互动，因此，在对河源地区生态旅游产品开发以及规划时，对于具有独特生态环境教育意义和源头文化求知价值的河源地区，要紧抓生态环境保育这个前提，同时梳理各种源头文化的旅游要素，抓住个别具有吸引力源头文化要素，融入旅游业发展，营造记忆点，同时扩宽生态与文化的联想空间，深化生态环境教育和文化教育的体验感悟层次。以科普、教育、研究为内容，加强对儿童、青少年以及对农业知识、自然科学知识感兴趣的城市游客或研究者开展源头地区农业文化旅游专项推荐，可采取展示植物生长过程、农业养殖培育过程或动物的生长过程等，同时适当引入动手设计、体验生产等互动活动来加深兴趣点和吸引力，传承农业及牧业文化的源头文化。

## 三、打造“生态旅游＋民俗文化”的源头文化特色旅游

黄河源地区是一个多民族汇聚的地区，有汉族、藏族、回族、蒙古族、土族等。因此，黄河源地区展现出多民族共同发展、共荣共生、多姿多彩的和谐面貌。该地区文化资源丰富，包括大量史前文化遗址、历史人文遗址、游牧文化、特色节日文化等。其少数民族的独有特色，历史、人文等要素皆可成为发展“生态旅游＋民俗文化”的黄河源特色文化旅游的基础。目前来看，我国人文生态旅游的主要形式主要以特色民居、文化村寨为主，其主要游玩项目包括游览、体验、实地考察等。

同时，黄河源地区人文生态旅游资源具有丰富的文化内涵和民族、

民俗特色，但同时也面临着自然和人文资源开发与保护难度较大的局限。因此，打造生态休闲型旅游目的地，首先要明确其目标和定位，适宜以“原生态”民俗文化旅游为主题，在保护的基础上加以开发、利用，实行生态文化保护工程，打造民族特色鲜明的黄河源区民俗文化部落。充分挖掘具有民俗特色的民间艺术，如手工艺、舞蹈、绘画、雕塑等，充分还原黄河源地区的原生性和本土性。此外，黄河源地区藏传佛教文化气息浓厚，可通过拜神山圣湖，或是访佛家寺院，抑或是旅居民族风情园等方式感受神秘、浓郁的宗教文化气息，通过一笔一绘，完整地表达了宗教的含义，寄托了对生命的崇敬。布帛之上的一笔一绘，都是最震撼的宗教意义表达，饱含对生命的敬仰。唐卡是藏文音译，又称“唐喀”，是一种彩缎装裱后悬挂供奉的宗教卷轴画，以佛像为题材，涉及藏族历史文化、民族生活等诸多领域，是中华民族艺术文化瑰宝，是藏族乃至整个河源地区珍贵的文化遗产。

唐卡美丽的色彩背后，是藏传佛教 1 800 多年的历史文化沉淀，一幅幅庄严神秘的佛像，是一部部藏传佛教教义的浓缩。高原上的僧人及信众在游牧生活中，必带唐卡随身，视作与佛陀同样具有生命力的护佑神；展开唐卡，就如同建筑一座神庙，时刻作“修习观想”的修持膜拜。因此，唐卡又有“藏文化的百科全书”之称。唐卡绘制是一门精神沉静、心灵虔诚的手艺。在藏区，大大小小的寺庙中汇集了浩如烟海的佛教艺术杰作，但绝大部分佛画艺人不为世人所知。绘制佛像是画师的心灵修行，是功德无量的福祉积累，不强调个人荣誉和价值，这种观念长久地影响着佛画艺术的传承。也正是在寺庙中，许许多多的藏族唐卡艺人与佛画艺术结缘，并不断奉献出超凡脱俗的艺术作品。

黄河源地区还开展了一系列文化旅游节，也是对于“生态旅游＋民俗文化”发展模式进行的实践探索。2022 年 8 月，由玉树藏族自治州曲麻莱县委、县政府主办，以“江源玉树、天上曲麻莱”为主题的第三届黄河源头生态文化旅游系列活动在曲麻莱县开幕。开幕式以大舞台＋

大草原的文艺演出方式，让观众近距离体验了歌如潮、人如海的盛会景象，展现了新时代曲麻莱人民的卓越风姿。开幕式正式拉开了“江源玉树、天上曲麻莱”第三届黄河源头生态文化旅游系列活动的帷幕。活动为期 5 天，活动包括民俗竞技活动、“黄河源之夜”群星演唱会、高原传统跑马比赛、高原传统走马比赛、2022 年长江北源曲麻莱段漂流启动仪式、“天上曲麻莱圣地黄河源”专场文艺晚会、高原传统赛牦牛以及各类体育竞技活动。活动依托黄河源头文化，充分挖掘曲麻莱旅游文化内涵，进一步推进生态保护、生态文化、游牧文化和自然环境的融合发展，以期实现弘扬民族文化、丰富人民文化生活、促进旅游业与文化产业融合发展，进一步推动地区社会经济发展进步。活动安排紧扣河源文化主题，将民俗特色活动、黄河源头文化和宗教文化巧妙串联起来。

# 第三章
# 河湟文化和旅游业协同发展研究

河湟区域（简称“河湟”或“河隍”），因黄河和湟水而得名。其范围是指黄河上游及其支流湟水河、大通河之间的广阔地域，史称“三河间”。如今这个区域范畴大致包括黄河上游九曲之地以及青海境内流水谷地，大部分在青海省，同时也包括甘肃、青海交界地区以及宁夏、河西走廊部分地区。因此，河湟区域也通常被称为“河湟谷地”“河湟流域”。

作为青海、甘肃地区独特的文化现象，河湟文化的独特性和价值在近年得到了越来越多的关注。将河湟文化与旅游业协同发展，不仅可以提升旅游业的品质和效益，而且可以促进河湟文化的保护和传承。

## 第一节 “河湟文化”与“黄河文化”

河湟文化是指黄河上游、湟水河流域、大通河流域的独特文化现象，是古羌戎文化历史演进中，以中原农耕文明为主干，不断吸收融合游牧文明、西域文明而形成的包容并举、多元一体的文化形态。

河湟文化具有地域文化的独特性、历史文化的厚重性、民族文化的融合性、民间文化的多元性以及生态文化的立体性等特点，是中华民族优秀文化的重要组成部分。

## 一、河湟文化概述

位于青藏高原和黄土高原的交会地带的河湟地区，是黄河流域最早出现人类活动的地区之一，从古至今，曾有多个民族在河湟区域这片广阔富饶的土地上繁衍生息。早在新石器时期，河湟地区作为早期黄河流域人类活动的主要区域之一就出现了较为发达的原始文明。《后汉书·西羌传》中记载，汉武帝开拓河西之地，“西逐羌夷，乃渡河湟，筑令居塞”。至少自秦汉以来，就有许多民族的祖先在这里耕种和放牧，孕育并创造了宝贵灿烂的河湟文化。

然而，任何一种文化，都产生于一个特定的地理空间，即便后来该文化不断向外传播发展，但追根溯源，都起源于一个特定的地理区域。河湟文化就是以中原文明的汉文化为核心，同时将游牧文明和西域文明融入古羌戎文化的历史文明演进中，从而形成了兼收并蓄的多元文化形态。千百年间，河湟地区的河水两岸堆积的肥田沃土，成为这片故土上文化、历史、民族、农耕文明交流的根基，成为丰富多彩的河湟文化的摇篮，丰富了中华文明。据考古资料，河湟地区宜农宜牧，在新石器时代已出现了最早的农业生产，先后出现的卡约文化、马家窑文化及遗址文化等原始文明，成为中华文明探源工程的重要历史佐证，这些灿烂悠久的原始文明为之后河湟文化的诞生及延续打下了深厚的基础。

作为黄河流域文化的重要体现，因此河湟地区无疑是中华文化的孕育之地，河湟文化无疑是黄河文化的内核之一。从华夏至汉唐，乃至元明清，河湟地区农牧并存、内涵丰富、包容互补，呈现独特魅力，不断推进黄河文化发展的历史进程。

## 二、河湟文化内涵

### 1. 灿烂悠久的历史文化

（1）卡约文化。在原始社会末期，河湟流域地区出现了一个著名的文化类型，名为卡约文化。该文化是由瑞典学者安特生在 1923 年于青海省湟中县卡约村发现的，因此得名，并被称为“卡约文化”。卡约文化充分反映当时的人们已经开始了稳定的定居生活，并且农牧兼营。卡约文化是我国西北地区青铜文化的杰出代表，有大量如四耳罐、双耳罐、豆、鬲、杯、瓮等种类的陶器制作，陶器呈赭石或熟褐色，花纹绘为鹿、狗、羊等动物纹图案，丰富有趣，其文化特征所体现的审美情趣已表现出了强烈的地方性。卡约文化大致出现在公元前 900 年至前 600 年之间，大致相当于我国中原地区的西周时期。据史料记载，古代羌族居民在约公元前 1000 年活动于河湟谷地。由此可证，羌族文化与卡约文化大致属于同一时空存在，因此，卡约文化遗存就是古代羌族的文化遗存。众多古老文明的交替，使得河湟地区的历史文化显得更为古老灿烂（图 3-1）。

图 3-1　青铜时代卡约文化鹿纹双耳彩陶罐

（2）马家窑文化。马家窑文化，亦称“甘肃仰韶文化”，因最早发现于甘肃省定西市临洮县马家窑村而得名，距今有 5 000 多年的历史，是黄河流域史前时期三个彩陶中心之一。马家窑文化不同于黄河中游地区的仰韶文化，但与其却保持密切联系。彩陶是马家窑文化的杰出代表，也是彰显河湟文化历史悠久的重要见证，成为河湟史前文化的发端。其地理分布较为广泛，东起泾水、渭水上游，西至黄河上游共和县、同德县附近，北入宁夏回族自治区青水河流域，南抵四川省岷江流域阿坝藏族羌族自治州。马家窑地区的彩陶器型种类丰富，涂绘纹样多变，常见的器型有碗、壶、瓶、罐、钵、盆、瓮等，图案纹样通常包括条纹、旋纹、涡纹、圆圈纹、方格纹、网纹等，也有少量人、鸟、兽、蛙等纹饰。作为黄河上游地区新石器时代晚期文化代表的马家窑文化，向世人展现数量众多、工艺精湛、图案精美的彩陶器皿，不仅传承着上古时期华夏文明的硕美果实，而且将先民们的高超技艺和智慧展现得淋漓尽致。

（3）遗址文化。具有代表性的有乐都柳湾墓群，该遗址大约生成于4 500年前，这里出土了迄今为止我国发现的规模最大、种类最繁多并且保存最为完整的原始社会晚期的公墓。该墓群出土文物4万余件，其中彩陶占据一半以上，发掘了远古墓葬1 700多座，这使河湟地区具有了“彩陶故乡”“彩陶王国”之称。民和喇家遗址，又称“东方庞贝”，考古发现这是我国的唯一一处灾难性遗址，可开发为世界级旅游景点；再加上宋代唃厮啰政权所在地青唐城（今西宁市）遗址、南凉古国（虎台遗址）等，有极高的旅游资源开发价值（图3-2）。

图3-2　乐都柳湾墓地出土大量彩陶罐

**2. 独具风姿的民俗文化**

民俗文化是河湟文化的重要组成部分。河湟地区自古以来物产资源丰富，人文色彩浓厚，汉族、藏族、土族、回族、撒拉族等多民族在这片土地交融共生，这些民族不仅从事高寒畜牧业、农业，手工业和商业更是在不断相互交流融合中蓬勃发展，而且造就了绚烂多彩、个性鲜明的民俗风情和民间文艺。

河湟地区的民俗活动种类繁多，如土族的六月会、跳於菟、正月闹社火、纳顿节等，是集娱乐、祭神、游街、歌舞于一体的，参观者与表演者共同参与的民间表演艺术。此外，各民族舞蹈、戏曲、曲艺、歌谣、传说更是彰显本民族的鲜明个性，都具有较高的文化艺术价值。如土族的安昭舞风姿优美、藏族的热巴舞热情豪放、撒拉族象征“瑞驼降福”“祥驼呈丰”的骆驼舞等。如具有代表性的黄南藏戏，黄南藏戏在河湟地区戏曲中具有独特的地位，具有丰富且自成体系的表演技法和程式，吸收寺庙壁画中的人物形态，将寺院舞蹈、藏族民间歌舞融入其中，形成独有艺术风格，每年藏历六、七月份演出，以唱歌舞蹈为主，表演者戴面具或画脸谱，演绎的剧情大多是以惩恶扬善为主题，场地一般选在青稞田地，深受当地及外来游客的喜爱。在美食方面，回族的拉面展现其精美的面食技艺，创造出享誉全国的“拉面经济”；藏族的青稞酒、酥油茶、青稞糌粑、牦牛肉及藏羊肉，被称为“藏族食品四宝”。以多元丰富的非物质文化遗产和民族特色农副产品为载体，河湟地区深厚的文化底蕴在河湟民风民俗中展现得淋漓尽致（图 3 - 3）。

图 3 - 3　黄南藏戏

### 3. 千年延续的农耕、游牧文化

从地理角度来看，河湟地区地处中国地形东西落差三级阶梯中的第一级阶梯。受地理位置影响，其生态特点较第二、第三级阶梯有显著差异。河湟地区北邻内蒙古草原，南靠阿尼玛卿山，西近茫茫戈壁，东连中原内地，多种文明在此交融互通，成为名副其实的“襟四塞”的“道之冲”。地处河湟地区的青海高原较西北其他区域而言，地势相对低平、气候温暖、草场茂密，拥有得天独厚的地理条件，因此河湟地区便成为从古至今我国西北地区最适宜放牧牲畜与农耕生产的沃土。河湟地区的地理条件为河湟文化的产生和发展提供了坚实的基础，使其成为游牧和农牧两种文化形态共存的必然延续。

早期的河湟谷地由于农业技术落后，气候条件较中原地带相对干燥寒冷，更加适宜草场生长。大面积广阔茂密的草地植被，为河湟早期的游牧文化打下了坚实的基础，为早期河湟土著居民带来一种新的生活方式。同时，这也证实河湟地区最早的土著居民——羌族，属于穹庐为居、放牧为生的游牧民族，游牧文化便在羌族人日常生活中孕育出来。到了汉代以后，河湟地区的游牧文化逐渐受到北方游牧文化的影响后得到补充和发展，骑射成为羌民最主要的游牧方式，与其他游牧民族精神观念相融合，逐渐形成具有统一性的游牧文化，其精神内涵延续至今。

据史书记载，河湟地区的农业文明早在战国时期就已经出现。《后汉书·列传·西羌传》记载，“河湟间少五谷，多禽兽，以射猎为事，爰剑教之田畜，逐见敬信，庐落种人依之者日益众”。羌人无弋爰剑被秦人抓去，后来得以逃脱，他将从秦人那里学来的农耕之术带到“三河地区”——黄河、湟水河及大通河地区。到了西汉，著名将领赵充国在河湟地区开展屯田，引湟灌溉，兴修水利，使得河湟地区农业发展迅速。

游牧文化和农耕文化并存，是河湟区域文化的一大特点。在历史发展的长河中，河湟地区的先民依托其生存地域的自然环境，亦耕则耕，亦牧则牧，农牧业相得益彰，形成独具特色的游牧文化和农耕文化。

**4. 神秘辉煌的宗教文化**

河湟地区是从中原通向西藏、中亚的必经之路，由此中原文明、阿拉伯文明、印度文明在这里融合，形成独具风格的文化交流胜地。同时，河湟地区也留下了一批在国内外享有盛名的宗教寺院。由于民族种类和宗教派系数量多，寺庙碑塔林立，使得河湟地区成为我国西部地区人文景观最独特、最具宗教气息的文旅胜地。跟随历史的发展，鲜卑、吐蕃、羌人、吐谷浑、契丹、女真、沙陀等民族曾在此定居，不同的文化、思想、习俗在此交织融合；藏传佛教、伊斯兰教、道教等宗教自然而然地融合发展。

在藏传佛教中，河湟地区最著名的便是始建于明代洪武年间的瞿昙寺，其坐落于今青海省海东市乐都区湟水南岸的瞿昙县（“瞿昙”为梵语，意为“佛祖”），是中国西北地区保存最为完整、规模最宏大的明代寺院建筑群，其完整地保留了汉式建筑风格，整个建筑以彩绘、壁画、石雕等而闻名，堪称明清北京故宫的“活化石”，素有“小故宫”之称。1982年瞿昙寺被国家列为第二批全国重点文物保护单位，是我国文化艺术的瑰宝。此外，当地还有塔尔寺、佑宁寺、夏琼寺、却藏寺、卡地卡哇寺、阿琼南宗寺、白马寺等寺庙，共同构成了河湟谷地藏传佛教圣地。除佛教外，伊斯兰教也在河湟地区生根发芽。例如我国西北地区四大清真寺之一的东关清真大寺，位于西宁市，距今已有600多年历史。西宁市东关清真大寺传承我国古代宫殿式建筑风格，雕梁彩檐，金碧辉煌。其建筑古朴雅致，庄严肃穆，富有浓郁的伊斯兰特色，是青海省最大的伊斯兰教寺院。此外，还有海东市平安区洪水泉清真大寺、海东市循化撒拉族自治县街子清真大寺等具有传奇色彩的穆斯林建筑群落，使伊斯兰教在河湟地区宗教文化中占据一席之地。此外，中原的道教在河湟地区也有几处胜水名山，如位于青海省西宁市的北山寺，其又名北禅寺。该寺因地势险要、气势宏伟，被誉为“湟中第一古寺”。位于西宁市湟中区大源乡的南佛山道观，道观所在南朔山，旧称西元山，在《道藏》中称其为“第四太元极真洞天”，是我国第一批修建的道教建筑群。位于海东市互助土族自治县威远镇五峰山上的互助五峰寺，属于中国古典式庙宇建筑，清朝时被称为“湟中八景”之一。藏传佛教、伊斯兰教、道教等宗教在河湟地区宛如群星闪烁，使河湟谷地在宗教史的长河中璀璨生辉（图 3－4）。

图 3－4　瞿昙寺

**5. 悲壮奋进的红色文化**

红色文化成为与时俱进的河湟文化中不可或缺的重要组成部分，为传统的河湟文化注入了民族团结、和谐共生的精神动力，在现代社会继续散发着这一古老文化的光辉。挖掘河湟地区红色文化对于当地各民族补足信仰精神之钙，对于激发中华儿女奋发图强、积极进取的精神具有重要作用。如“忠于理想、坚定信念、顾全大局、服从命令、生命不息、战斗到底、顽强不屈、忍辱负重”的西路军精神，“热爱祖国、无私奉献、自力更生、艰苦奋斗、大力协同、勇于登攀”的“两弹一星”精神，“登高望远、自信开放、团结奉献、不懈奋斗”的新青海精神，深深烙印在河湟大地上，跨越时空、历久弥新，始终感召着子孙后代攻坚克难、奋发有为，为实现中华民族伟大复兴提供了磅礴的精神力量。

河湟地区红色文化有着诸多实物载体。如西宁市中国工农红军西路军纪念馆、海北藏族自治州西海镇青海原子城国家级爱国主义示范教育基地等。这些实物载体不仅是传播红色文化基因，赓续精神谱系，教育党政干部、科技工作者接受党性洗礼、坚定理想信念的重要平台，而且也是河湟各族干部群众了解革命先辈坚定的共产主义信念的重要窗口，更是不断铸牢中华民族共同体意识的精神高地。

## 三、河湟文化特征

### 1. 根源性与历史性

河湟地区有着悠久的历史，在历史长河中，众多文化形态在这里汇聚，宗教、歌舞、戏剧、民间社火、语言、建筑、生活习俗等；还有卡约文化、马家窑文化、齐家文化、宗日文化等文化遗迹；发掘出大量文化遗址，如喇家遗址、柳湾遗址等，记录了河湟地区各个发展阶段的历史。其历史可追溯到距今五万年前，这片土地曾是古羌族的生存之地；秦代以后，受中原文化影响，草原文化与中原农耕文化在这里交汇形成游牧文化与农耕文化共存的局面，延续至今。尽管河湟地区自古以来就战争不断，但这并丝毫没有阻碍河湟文化的发展，反而使得河湟文化在时代更迭中汲取营养，在历史的沉淀中为河湟文化的发展打下了坚实的基础。

### 2. 开放包容与多元互补

河湟地区自古便是多民族聚居区，包括汉族、回族、藏族、土族等，民族的多元必将促成民族文化的融合。河湟地区不同于我国其他少数民族聚族而居的生活方式，而是以杂居的方式生活，不同民族居民共同生活在同一村庄的情况数不胜数，形成和睦相处、互帮互助的友好局面。经济、文化、生活的相互碰撞，使得各民族在本民族文化的基础上，吸收其他民族文化，具有较强的包容性。河湟流域各民族怀着交流互鉴、开放包容的态度，促使河湟区域文化百花齐放。宗教上，儒家文化、佛教文化、伊斯兰教文化亦在此汇聚；农业上，汲取中原文化，形成汉藏文化结合为主汲取若干外来文化的河湟农耕文化；此外，河湟地区历史上重要的两条通道——“丝绸之路”和“唐蕃古道”更成为河湟文化开放性、包容性的重要见证。此外，河湟地区的非物质文化遗产数不胜数，有土族盘绣、热贡艺术、湟中堆绣、河湟皮影、湟源石刻石雕等，均体现河湟地区文化的多元特征，构成风格独特、内涵丰富的河湟文化。

**3. 时代性与传承性**

河湟大地所孕育出的文化，集中反映了该地区世代沉淀的价值观念、思维方式、风俗习惯，创造了绚烂辉煌的艺术成果、人文作品、科学技术。这些优秀传统文化遗产是当地人民传承文化基因、树立文化自信的力量之源，为区域经济社会发展注入了无限生机与活力。近现代之后产生的西路军精神、“两弹一星”精神、青藏铁路精神、实干精神、新青海精神具有鲜明的时代特征，契合社会主义核心价值观。这些精神食粮来源于河湟人民世代与自然抗争、顺势前进的伟大实践中，渗入河湟人民的血脉，传承千古，始终激励河湟人民励精图治、开拓创新。

## 第二节　河湟文化与旅游业协同发展现状

新时代的发展和变化对旅游产业不断提出新要求，旅游产业的发展进入了一个全面调整和提升的新时期，在新一轮的产业整合与竞争中，旅游产业新格局的形成必将同文化产业与旅游产业的融合发展相联系，而此时文化产业与旅游产业的融合，为旅游产业的发展注入了新鲜的血液，带来了新的活力。

近年，河湟特色文化为推动旅游业高质量发展提供了强大动力。河湟地区凭借其丰富的历史文化积淀和独特的区域文化特点，如道教和河湟古文化、藏传佛教古文化、生态特色餐饮文化等，带动河湟地区旅游业发展。进入“十四五”时期以来，计划完成文化、旅游、广播、体育类电视项目177个，分八类规划实施，计划总投资437.33亿元，是“十三五”期间总投资数额的两倍。截至2021年，计划实施56个项目，投资28亿元。目前，河湟地区文旅示范城市海东市已启动新华书店建设，旨在打造一个功能齐全、多元化经营模式、具有强烈地域特色的实体书店，并且将该书店与旅游参观有机结合。启动河湟民俗文化体验园建设，计划启动河湟大剧院建设，运营青年总部，创建具有河湟地域文化特征的文创产品生产加工产业。有效利用多民族文化资源，河湟地区打造了纳顿节、赛马会、那达慕、九曲黄河灯会为代表的民间旅游节，发挥纽带作用和辐射效应，带动周边古老村落和少数民族州县发展。全面提升喇家遗址、土族故土园、瞿昙寺等“王牌”景区的文化内涵，实施旅游公共服务项目，围绕吃、住、行、游、购、娱六大元素，进一步完善景区基础设施建设和相关配套服务。进一步开发申报非物质文化遗产项目，加大对非物质文化遗产的保护力度，对非物质文化遗产中心建设项目继续推进，培育文化旅游市场，拓宽旅游产品内容，如打造湟中以“八韵文化”“八瓣莲花”为主的特色文化旅游品牌，推动河湟文化旅游产业的高速发展（图3-5）。

图3-5　2020年9月18日青海省首届河湟文化艺术节第三届青海青稞酒节暨第十九届安昭纳顿节开幕

文化与旅游业相互融合。随着人们对精神生活追求的不断提高，越来越多的游客进入深度旅游阶段。文化逐渐成为主导旅游活动的支柱，对旅游经济具有重要影响。旅游业是文化实现教育和娱乐功能的重要载体，《“十四五”文化和旅游发展规划》明确提出文旅融合发展的基本原则，要求“以文塑旅、以旅彰文”，发挥文化赋能作用，推动文化和旅游更广范围、更深层次、更高水平融合发展。河湟文化旅游以河湟文化为内容，以各项旅游产业为平台，展现出前所未有的生机和活力。目前，河湟地区正在积极推动文化遗址的建设，以重塑该地区的特色风格。下一步将有更多的文化载体建设，其中包括河湟文化研究中心、宏觉寺维护以及文物修复项目等。西宁市积极规划卫城历史遗迹重建，重点关注明城墙、文庙、城隍庙和花园南街。通过在市民文化公园和长城建设主题公园，将继续作为城市记忆的载体，重塑这座古城的历史特征，为河湟文化和旅游业的融合创造一张新名片。

加强文化旅游，促进文化繁荣，完善文化服务保障机制。在公共文化服务方面，河湟地区文化旅游景点有意识加强文化阵地建设，精准对接人民群众差异化文化需求，提高公共文化服务的覆盖面和实效性，提升游客幸福感。加强文物保护利用，推进考古研究、文物保护、展览利用、文化旅游整合和产业创新。同时，带动广播电视产业的发展，完成广播电视的高质量传输和安全播出，推动线上演播与线下演出相结合。加强宣传推广，全面更新和修订旅游绘本、旅游手绘地图、旅游折页等宣传资料的制作，鼓励区域内公共建筑和场所、交通设施使用具有河湟文化特色的经典性元素、标志性符号，文旅企事业单位应自觉担当尽责，积极参与各类文化旅游交流、展览，全面宣传推广河湟地区文化旅游资源。

但目前河湟区域文化旅游业发展也存在一些局限性，如宣传力度不够、经费投入不足等。一些城市、乡镇、部门对发展文化旅游业的重要性及旅游文化产业在区域经济、国民经济发展中的地位作用认识不充分，尤其是旅游文化产业发展在增加群众收入方面的重要作用认识不足，对于提高河湟区域文化在外知名度方面的积极作用认识还不到位，致使旅游文化产业的宣传营销和旅游产品的研发促销力度不强，影响着旅游市场的进一步拓展。同时，河湟地区旅游形象宣传还没有准确定位，缺乏统筹规划和集中布局，未形成规模化效应，不利旅游推广和促销、打造河湟特色文旅品牌，相对制约着当地旅游文化产业的快速发展。由于旅游业发展资金需求量大，基础设施、旅游公共服务投入不足的问题依然比较突出，如重点旅游景点至交通干线旅游公路等级较低，不能很好满足游客需求；一些旅游景区基础设施比较落后，接待能力和服务水平有待提高；旅游项目投入开发机制不够成熟，金融机构对旅游项目贷款顾虑较多；招商引资力度不大，没有吸引更多的社会资金投入旅游景区、景点的开发建设，民间资本对旅游开发的参与率仍然较低等。

## 第三节　河湟文化与旅游业协同发展存在的问题

作为一种具有鲜明地域特色的文化，河湟文化的传承和发展对于促进地方经济发展、增强文化自信、维护民族团结等方面具有重要的意义。但在当前旅游业的宣传和推广中，往往只是简单地介绍一些表面化的文化符号和景观，缺乏对河湟区域文化旅游资源的深度挖掘和宣传，缺乏多样化的旅游产品和服务。这使得游客难以真正理解河湟文化的内涵和价值，也难以形成对河湟文化的深刻印象和认同感。

### 一、缺乏对于河湟区域文化旅游资源的深入挖掘

河湟地区具有悠久的历史，并且遗留下种类繁多的文化遗产，体现着河湟地区历史、农耕、宗教、民俗、饮食等文化的丰富内涵，成为河湟人民宝贵的精神和物质财富。同时，这些宝贵的文化遗产亦成为河湟地区得以发展文化旅游的基础。目前，由于人力、财力等条件的限制，

对河湟文化的深入挖掘还不够深入，对自然和人文资源的利用也有待加强，因此在文化旅游资源的开发方面仍处于初级阶段。一些遗址文化没有得到较好的修护，如新石器时期的古文化遗址——“黑水国遗址”；对于连接中原与西域、沟通东方与西方的“河湟古道”沿线的特色文化古村落也没有进行合理修护和重建。青海省西宁市大通回族土族自治县良教乡桥尔沟村娘娘山盛产丰富的天然白土，大通煤矿中蕴藏大量优质青泥，两种泥土交织创造出桥尔沟村的远古工艺品——砂罐。这种砂罐文化存在已有 200 多年历史，其种类包括药罐、砂锅、饭甑、醋瓶等 30 余种。如今随着社会进步和经济发展，大量精美耐用的现代工艺品取而代之，潜移默化地改变着人们的审美。随着市场需求不断减少，砂罐已近乎停产。文化保护的缺失已经成为限制河湟区域文化旅游业的短板，保护当地文化对于赋能河湟地区旅游业发展至关重要。同时，河湟地区现存的文化旅游古镇、历史名村、红色旅游基地等，虽然对其文化进行发掘，但是较为形式主义，其展示内容缺乏思想性、展示方式缺乏创新性，无法充分理解和表达文化的内涵，缺乏记忆点，这一现象不仅是河湟地区文化旅游业发展的现状问题之一，也是我国大多数文化旅游产业所要思考的问题（图 3－6）。

图 3－6　桥尔沟村砂罐

## 二、河湟文化旅游的知名度较低

河湟地区存在大量历史文化古镇、传统村落、少数民族特色村寨等，红色历史文化、革命历史遗迹，宗教建筑、文化遗址、特色街巷、历史名地等，都成为河湟地区发展文化旅游业的重要资源。目前来看，一些乡镇以及相关部门缺乏发展文化旅游业对于促进当地经济发展、保护文化传承具有重要赋能作用的意识。相关部门不够重视，直接影响当地旅游文化产业的宣传营销力度，导致大量文化旅游资源的知名度较低。然而，当前旅游景区所注重的仅仅是大自然风光、古镇和生态等市场普遍认知的内容，忽略了提升旅游的文化内涵，对于旅游区的形象宣传没有准确定位，甚至只有一个浮于表面的标签，缺乏吸引力，不利于文化旅游的推广和宣传。此外，文化旅游产品开发宣传方面较为薄弱，区域精品旅游路线不够特色化，景区文化创意商品不够趣味化，文旅宣传推广手段不够智慧化，探索推进文旅融合原创 IP 工程总体还处于初级阶段。在河湟区域文旅协作中，游客的不同旅游需求缺乏具有针对性的产品促销宣传活动。在旅游产品包装上缺乏与周边旅游景点的融合，造成客源共享度较低。总体而言，产品开发缺乏创新、宣传力度不足、相关部门缺乏重视等因素都对提高河湟地区文化旅游业的知名度影响较大，制约河湟旅游的协同发展。

## 三、河湟区域文化旅游景区基础设施建设相对薄弱

发展文化旅游业对资金需求量大，但河湟地区文旅项目投入开发机制不够成熟，金融机构对旅游项目资金贷款方面存有顾虑；无法吸引更多社会资金投入文旅项目的开发建设；民间资本对文旅项目的开发的参与力更低等因素，这些都导致河湟地区的文化旅游景区基础设施建设相对薄弱。由于人力、物力、财力投入不足，一些现存的河湟地区文化旅游产业的旅游基础设施陈旧老化、相关配套服务也不完善、旅游公共服

务投入不足等问题依旧突出。因此，河湟地区文化旅游景区的主要问题在于接待能力和服务水平有待提高，“吃、住、行、游、购、娱”旅游六大要素未能做到很好的衔接，并且发展不均衡，未能满足游客的需求。尤其体现在餐饮、娱乐、购物方面，景区内餐饮缺乏当地特色，娱乐项目千篇一律，在购物上没有有效利用当地旅游产品。景区项目建设过于趋同化，游客体验式、互动式、情景式的文化项目少。此外，一些景区景点单一化、游览项目种类较少，无法满足游客长时间逗留和深度体验的需求。因此对游客吸引力较弱，不利于展现当地文化特色。重点旅游景点至交通干线旅游公路等级低，道路通达性较弱，区域公路、水上、航空交通尚未形成统一的建设运营体系。这在河湟地区文旅产业中已成为一个极具代表性的问题。

## 四、河湟区域文化和旅游业整体协调性不强

河湟区域文化旅游业整体协调性不强，主要体现在相关部门缺乏对于文化旅游业整体性管理、缺少对河湟地区文化旅游资源的整合以及文化和旅游“分家”三个方面。首先，河湟地区一些区域旅游资源和开发单位隶属不同部门、受不同行政管辖，旅游行业相关部门的协调、监管机制还没有建立，出现各不相谋的现象，尚未形成旅游监管的整体合力。目前大多数文化旅游产业的结构是以观光游览为主，购物、住宿、娱乐、餐饮等旅游环节尚未形成一个整体的“链条”。其次，对于河湟区域文化的发掘和利用缺乏整体性。经过对河湟区域文化的梳理可知，河湟地区包括黄河上游和湟水流域，即今甘肃省西南部和青海省东部，是兼备自然风光和历史文化的高地，具有地域性和同一性。然而，随着时间的推移，这种同一性逐渐削弱，文化也出现了割裂。河湟地区各个区域间缺乏协作，缺少文化赋能旅游业联动机制，导致对河湟地区文化旅游资源的整合难度加大，难以形成整体特色，无法形成品牌。最后，厚重多样的历史文化和独具特色的地域文化是河湟地区发展文化旅游业

的珍贵资源。但目前对于这些文化资源只停留在开发和保护上，没有充分利用到旅游业。目前，对于河湟地区已有的文化旅游业来说，文化与旅游脱节的现象较为明显。文化旅游失去了文化，就等于失去灵魂。然而一些文化旅游景区打着“文化”的口号，但实际景区内的文化展示并不充分，没有深入展现当地的民俗文化、文化内涵，文化附加值明显不足，且形式化严重，缺乏特色和深度开发，这些都是阻碍河湟地区文化赋能旅游业发展的难题。

## 第四节　河湟文化促进旅游业高质量发展路径

河湟文化具有独特的地域特色和丰富的文化内涵，开发河湟文化旅游业不仅可以促进地方经济发展，增强民族团结和文化自信，而且可以保护和传承文化遗产，提高国际知名度。对于推动地方经济和社会发展，促进中华优秀传统文化的传承和发展，具有重要的战略意义。

### 一、加强资源的深度挖掘、传承保护、开发利用

习近平总书记指出，“人文资源是发展旅游的基础，发展旅游经济要以优秀人文资源为主干，用文化提升旅游品位，精心打造出更多体现文化内涵、人文精神的特色旅游精品”。深度挖掘、传承保护、开发利用河湟文化旅游资源是河湟区域文化赋能旅游业高质量发展的基础和前提。将文化资源与旅游业有机结合，有利于提升文化价值、增强地域文化认同性，带动当地经济发展等。

第一，加强对河湟区域文化旅游资源的深度挖掘。首先，积极落实国家“中华文化资源普查工程”的要求，文旅相关部门应组织专家学者、民俗专家顾问或其他社会力量通过实地调查走访或文献查阅等方式对河湟区域的历史遗迹、非物质文化遗产、乡土民俗文化、红色革命文化、自然人文风光等旅游资源进行全方位深度普查，并进行系统归类整

理，建立数字化旅游资源搜索库，为文化资源的传承保护和开发利用奠定基础。其次，深化文化价值研究。对于河湟文化不仅要发掘其现存的物质资源，而且要结合时代特征，强化对其精神内涵的发掘和研究。这有利于传承和发扬黄河文化所蕴含的勤劳勇敢，自强不息的民族精神，对于外来文化开放包容的态度以及和谐共生、民族团结的思想。

第二，加强对河湟区域文化旅游资源的传承与保护。有效传承和保护河湟区域文化旅游资源是发展旅游业的重点。以立法形式保护河湟文化旅游资源，明晰政府主管部门和相关单位的主体责任，围绕重点难点问题，强化系统性建立文化遗产的传承保护工程，尤其是非物质文化遗产的保护机制。实施黄河流域文化遗产重大修缮保护项目，充分把握河湟文化遗产动态特征，增强文化遗产传承的活力。加大对文物、非物质文化遗产的传承保护力度。分等级和类别建设河湟文化主题博物馆、展览馆、艺术馆、陈列馆等，创新文物的展览方式，提升整体形象，形成地域文化鲜明、符合当代人审美需求的综合文化展示体系。注重后续人才培养发展，实施非物质文化遗产传承人研培计划，建设一批富有河湟区域特色的文化传承教育实践基地。在非物质文化遗产旅游资源开发利用时注意区分文化种类，例如，对于传统酒类制作工艺、河湟刺绣工艺、黄河石工艺等传统技艺类非物质文化遗产，在生产同时要对其进行保护性利用；对河湟剪纸、曲艺、皮影戏、民间小调、秦腔等艺术类非物质文化遗产，在保护其原本面貌和文化精髓的基础上结合现代科技手段加以创新，形成在文化保护基础上传承的和谐局面。

第三，加强对河湟区域文化旅游资源的开发利用。在对河湟区域文化旅游资源的开发利用时要遵循科学、合理、适度原则。坚持标准化建设和特色化开发统一，加大旅游公共服务力度，打造河湟区域文旅新业态，更好满足游客个性化、多层次需求。例如，要将历史文化、民俗风情、民间传说等文化资源与河湟地区自然景观以及游客精神、情感、审美需求三者进行有效对接。打造“人文历史文化内涵＋自然山水风光”

一体化的河湟旅游高地；可以通过恢复黄河祭祀活动，来激发中华儿女将黄河文化作为中华文化摇篮的文化归属感。对于社火、九曲黄河灯会、腊八民俗、赛马会、射箭会、安昭舞等非物质文化遗产要在利用中保护，在保护中开发，以实现民间民俗文化传承与旅游业发展的有机结合。充分发挥地方党委和政府主体作用，加强文物的保护利用工作，系统推进考古研究、文物保护、展示利用、文旅融合、产业发展等方面的创新，推动文物开发和利用相互促进。

## 二、讲好黄河故事，打造“大河之源”的河湟文旅品牌形象

推动河湟地区文化旅游融合发展，必须坚持高效利用黄河文化，讲好黄河故事，打造兼具河湟区域特色和感召力、影响力的“大河之源”的河湟文旅品牌形象，并且加大河湟区域文旅品牌形象的宣传力度，有利于提高河湟文化的辨识度、知名度，促进文化旅游业实现高质量发展。

讲好黄河故事，树立“河湟文化”的旅游品牌形象。当前社会中，具有较强辨识度、影响力的品牌往往是赢得竞争力的关键性因素，“品牌”在产品的宣传上更加能够抓住重点、深入人心，形成深刻印象。因此，推动河湟文化赋能旅游业高质量发展需要利用好河湟文化这张名片，打造引领河湟、名扬全国的高质量旅游产品和服务品牌，提升河湟文化旅游业的综合竞争力。对于国家全域旅游示范区、河湟文化生态保护实验区、国家文物保护利用示范区的建设工作持续推进；对于河湟地区乡镇文化旅游、民俗文化旅游进行大力发展；对于极具代表性的柳湾彩陶遗址、喇家遗址、撒拉尔绿色家园、河湟民俗文化体验地等文旅品牌进行重点打造。喇家遗址周边是治水英雄大禹的故里，大力弘扬传承大禹文化，也是讲好黄河故事的重要表现之一。目前已有的民和禹王峡景区已经显现出了这种潜力。以政企合作为撬动点，与互联网公司、文学艺术界、影视传媒业深度联动，携手创作文创纪念品、艺术文化作

品、影视综艺节目等精品力作，将历史文化和时代精神高度融合，实现题材、体裁、内容、形式上的创新，打造出优质特色的黄河上游之“河湟文化”IP，盘活文化资源，激发消费潜力，不断增强河湟区域文化自信、品牌自信。

讲好黄河故事，树立“大河之源”的文化旅游形象。河湟地区是我国黄河、长江和澜沧江三条重要河流的发源地，因此，对于研究河湟文化在黄河文化中的地位和价值具有重要意义。河湟文化更应起到带头作用，树立“大河之源”的文化旅游形象，增强辨识度。同时河湟地区存在丰富的水利文化资源，占据河湟地区大部分范围的青海省被誉为我国水资源的“富矿”，有龙羊峡、拉西瓦、李家峡、公伯峡等 6 座大型梯级水电站，使得黄河干流上呈现若干首尾相连的高峡平湖的壮美景观。龙羊峡水电站享有“万里黄河第一坝”之称。因此，可以立足科技传播，深入继续开展科普纪录片创作、水文知识讲座、跨界科技沙龙等讴歌水资源生态工作新气象、反映水利水电新风貌的系列活动，形成新时期河湟文化的兼具长度、宽度、深度的立体化传播渠道，从而加强对河湟地区水利文化资源的利用，发扬河湟水利文化，利用黄河水利打造河湟特色水利文化景区和地标性旅游景点（图 3-7）。

图 3-7　龙羊峡水电站

## 三、对河湟区域文化旅游统筹规划、加强管理

河湟文化赋能旅游业高质量发展离不开政府及相关旅游部门的统筹规划和管理。首先，在规划体制上，需要由顶层设计成立旅游管理部门加强领导，制定和颁布可落实的河湟文化赋能旅游业发展的相关政策或优惠条件，如设立文化保护基金、开展预先保护补偿、安排企业组织表彰奖励等机制，完善相关工作程序和流程，切实保障河湟文化开发保护。其次，在河湟地区文化旅游整体规划方面，政府及相关部门可提高重视程度，将河湟区域文化赋能旅游业高质量发展纳入国家旅游业发展的整体规划中。建议河湟文化旅游业的规划要由本地专家或专业旅游规划单位承接，遵循“统筹规划管理、整合文旅资源、彰显地域特色”的原则，避免旅游规划中的随意性，科学统筹、合理安排。突出“国家公园”建设的引领作用，对沿黄地区、河湟区域的自然生态环境进行深度保护，对历史人文资源进行有效开发，走“生态保护＋文化传承＋区域旅游”的立体化发展道路，促进生态文旅产业发展模式的新变革。最后，加强河湟文化旅游结构布局优化。文化旅游产业结构不合理阻碍河湟地区文旅高质量发展，因此要优化旅游产业布局，同时促进乡村振兴战略，建设民族特色鲜明的文化乡镇，形成文化旅游产品供给链。

旅游业的开发和建设离不开财力、物力和人力，因此，政府应加强对于河湟区域文化旅游业高质量发展的财政扶持力度，加大投资，进一步完善旅游景区、景点的基础设施建设以及相关配套服务。此外，建议完善旅游开发建设的投融资渠道。通过减税降费、固定资产贷款、文旅项目优惠贷款等多样化资金支持方式，在完善旅游投融资体系的过程中，积极引导各级财政资金、金融资本加大旅游产业投入以及民间资本投资旅游产业。

## 四、创新、引领，打造河湟现代化旅游胜地

创新是带动高质量发展的第一动力。随着社会现代化的发展进程，

要求旅游业必须顺应时代的发展，与现代科技相融合。因此，加大科技创新力度是保障河湟文化赋能旅游业高质量发展长久性的关键性因素，技术助力河湟文化传承创新，实现“科技＋文旅”融合，有利于增强文化科技自主创新能力，提高文化的科技含量。改革创新，切实推进文化旅游产业结构升级，创新其发展理念，推动文化旅游业发展同新型工业化、现代信息化、农业和城镇现代化相结合，实现经济、生态、社会效益三者协调统一。推动实现以5G、大数据、虚拟现实、人工智能、区块链等为代表的数字技术与文旅行业的协同运作，将“互联网＋”与旅游业发展相融合，系统化提升旅游业管理、服务、营销信息化管理，与互联网企业、网上旅游业建立联系，充分利用微信、微博等网上宣传平台，创新河湟文化内容元素、传播方式、表现手段。抓紧河湟文化赋能旅游、乡村农业、休闲旅游等具有潜在开发效益的旅游产品以及共同体系建设，形成开放的产业链，积极推进重点景区调整及其体制机制创新。

引领是带动高质量发展的重要保障。首先，由于河湟地区的文化遗产大多分布在青海省，因此围绕建设青海省旅游聚集中心为目标进一步加强与甘肃省、西藏自治区等以及省内各县市的旅游联动，建立多个“文化联动旅游带”，实现地区以优势互补、文化资源共用、信息资源共享为原则，形成以点带线、以线带面的文化旅游圈。其次，河湟文化与黄河流域其他文化具有共同“基因”，应利用好黄河文化这一根脉，加强河湟区域同黄河其他区域的旅游业合作，以河湟地区为引领建立沿黄9省（自治区）的联动机制，贯彻习近平总书记在黄河流域生态保护和高质量发展座谈会上的重要讲话精神。通过文化的溯源与交流，促进河湟文化与黄河流域其他区域文化、要素和资源的融通互补，促进与黄河流域其他区域旅游产业的协作，实现各区域间协同发展。

# 第四章

# 陇右文化与旅游业协同发展研究

陇右文化是中国传统文化的重要组成部分，具有深厚的历史底蕴和独特的文化特色。同时，陇右地区也是中国旅游资源富集区，拥有众多的自然景观和人文景观。因此，促进陇右文化与旅游业的协同发展，具有重要的意义和无限的潜力。

陇右文化是陇右地区的独特文化标识，是陇右人民的骄傲和自豪。通过将陇右文化融入旅游产业，可以向外界展示陇右文化的独特魅力和深厚底蕴，增强外界对陇右地区的了解和认知，提升陇右地区的文化软实力。同时，旅游业是一个综合性、关联性强的产业，可以带动交通、餐饮、住宿等相关产业的发展。通过将陇右文化融入旅游产业，可以吸引更多的游客前来旅游，带动当地就业的增长，提高当地人民的文化素质和文化自信，提高陇右地区人民的物质文化生活水平。

## 第一节 “陇右文化”与“黄河文化”

陇右地区是黄河文化的重要发源地之一，位于黄河流域中上游，是黄河文化的源头之一。

作为中国古代文化的重要区域，黄河流域的核心地带，陇右文化见证了漫长历史中黄河文化的传承和发展。陇右地区孕育了著名的彩陶文化、齐家文化、马家窑文化等，成为了中国古代文化的重要起源地之一；同时，这里也涌现出许多文化名人，如唐代诗人李白、宋代文学家范仲淹等，他们的文化成就和思想影响了整个中国历史。

也就是说，作为中国文化的两个重要组成部分，陇右文化和黄河文化两者之间有着密切的联系。

## 一、地域概念和文化概念中的“陇右”

古人以西为右，地域概念中的“陇右”具有广义和狭义两种解释，而这种差异恰好展示了地理概念和文化概念之间的差异。

狭义的“陇右”，实为甘肃的代名词，战国秦昭襄王二十八年（前279）“始置陇西郡”，因地在陇山以西得名。当时管辖范围比今甘肃省范围小，包括洮河中游、渭河上游、西汉水上游及今天水市部分地区。所以“陇右”即成为甘肃省的特称，简称“陇”[①]，且从文化圈或文化带的历史形成与分布来看，实际上不足以构成一种具有独立文化特征与自足文化品格的地域文化[②]。

广义的“陇右”，是一个比较宽泛的地域概念，主要指陇山以西，这一地区位于中国内陆黄土高原西部，地处青藏高原、内蒙古高原和黄土高原三大高原接合部，东通关中，西连河西、青藏，南达巴蜀，北控大漠。就文化圈所处位置而言，陇右地区是丝绸之路要道，是欧亚、西域文化输入中原和中原文化西传的第一站，域外文明的传入、中华文化的输出，陇右为必经之地。得益于中西交往要道的特殊地理位置，陇右自古就是多民族文化的发祥地和融汇区，华夏汉文化与西域少数民族文化，中西方文化均在这里碰撞、交融、重新组合[③]，既为陇右文化源源

① 张克复：《从历史深处走来的甘肃》，《甘肃日报》，2021年3月2日第11版。

② 张兵：《陇右文化的生成、结构与现代价值（节选）》，《陕西社会主义学院学报》，2006年第2期，第18-21页。

③ 徐芳：《陇右文化之精神特质》，《菏泽学院学报》，2009年第4期，第72-75页。

不断地注入新鲜血液和异质养料，又在域外文化本土化进程中不断上演着陇右地域文化的重塑与改造①。因此，“陇右”作为一种地域文化或区域文化的代名词而言，其内涵则要宽泛、丰厚得多，而其文化特征也极为复杂。

## 二、陇右文化的特征

陇右文化作为一种独特的地域文化，在时代的演变下与各民族的相互交融中形成了以下特点：

**1. 历史顺承性**

目前，陇右地区的文化遗址出土量数量众多，种类繁多，构成了陇右地区完整序列。在陇右地区就发现了旧石器时代人类活动的迹象，如平凉市东的泾川县大岭上遗址、庆阳市镇原县的姜家湾和寺沟口遗址、在白家塬和鸳鸯镇遗址出土的人类头骨化石，分别被命名为“平凉人”和“武山人”等，以及大地湾文化，以及后来的马家窑文化、齐家文化。周人兴起，秦人建国，隗嚣割据，三国鏖战，十六国霸主中成汉、前秦、后秦、后凉、西秦、仇池诸政权的建立者兴起于或密切相关于陇右，薛举自立、吐蕃占据陇右，宋夏、宋金对峙，成吉思汗西征及病逝清水，清代陕甘回民起义，红军长征及陕甘宁边区建立等重大历史事件都主要发生在陇右或与陇右地区密切相关②。因此，陇右地区既是中国历史发展的承载者，也是中华文化的见证者。

**2. 质朴性**

陇右以独特的地域位置与生态环境，形成了质朴的周秦文化。公元前1000年，周人兴起陇东，并迅速向外扩张，周制礼乐，定尊卑，祭先祖，创造了影响深远的周文化。秦人崛起于天水，结束了乱世纷争，

①② 雍际春：《陇右文化的基本特点及其地域特征》，《西北师大学报（社会科学版）》，2006年第6期，第105-110页。

创建了天下一统的局面，将陇右文化推向了一个统一发展的新时期。秦国在一统过程中也形成了独特的人文精神。秦人与羌戎毗邻，在长期与邻近民族的争夺与交流中，形成了秦人尚武勇战、劲悍质直、率真活泼的民族气质。秦时民风淳朴耿直，正因为民风淳朴，法令才得以上行下效；正因为还不像六国那样公室衰微、政归私门，国君才有足够的权威推行变革。荀子谈到秦国强大的原因时也说："入境，观其风俗，其百姓朴，其声乐不流污，其服不佻，甚畏有司而顺，古之民也。"自秦汉以来通诗书、习礼仪，既是陇右百姓的行为规范和文化追求，又是他们施展抱负、展现才华、报效国家的重要途径①。因此，陇右地区的儒学内容和礼仪规范与中原相比，更注重实用简约，摒弃了繁文缛节的形式。长期而密切的文化融合与多民族交错杂居，使陇右文化兼具汉文化与少数民族文化之长，共同影响了陇右人民朴实无华的文化特征的形成。

**3. 开放性**

陇右地区的开放性主要体现在地域内部与外部文化交融方面。就其地域内部来说，陇右位于我国的东部与西部、南方与北方的接合部。经历了千百年的历史，融合了当地多民族与周边邻近民族的文化，进一步推动了其文化的交流与融合。外部主要体现在陇右作为古代丝绸之路的要道，对域外文化的输入、中华文明的输出起到了极大作用。无论是外部还是内部，陇右文化包含了中原文化与周边文化、域外文明和域内文明的双向交流互补，丰富了陇右文化的内容。

## 三、陇右文化的价值分析

陇右在几千年的文化传承和演变过程中，孕育和形成了极富特色和美感的文化旅游资源。陇右文化旅游资源类型丰富多样，主要有遗迹遗

① 邓慧君：《论陇右文化的源与流》，《天水师范学院学报》，2008 年第 6 期，第 76－80 页。

址、古建筑和民俗风情。其中，以别具一格的远古文化、石窟壁画艺术、民族文化、民俗文化、民居文化等最具代表性，并构成了独具特色和人文价值的陇右文化。

陇右人民是富于创造活力的人民，在盛传于陇右大地的伏羲与西王母的神话传说中，已焕发着勃勃的创造生机。近代以来在陇右大地不断发掘出的大量石器时代遗址中的劳动工具、房屋、墓葬等文化遗存，均是陇右先民创造精神的体现。那些绚丽夺目的彩陶艺术、石窟艺术，则更是陇右文化充满创造活力的象征。以麦积山石窟为代表的陇右石窟，摆脱了印式犍陀罗样式的影响，创造了符合中华民族传统的道德观念和审美标准的雕塑艺术，体现了西域色彩和外来风格的转型特征。在陇右的黄河、渭河及泾河流域，分布有大中小石窟 20 余座，反映出了北魏、西魏、北周、隋唐等不同时期的艺术风格和时代特征，表现手法和艺术风格都有独创性①。

不仅如此，周边其他文化因自身发展的需要，也积极融入陇右文化，使陇右文化变得多元丰富，影响比较大的有羌戎氏文化、匈奴文化，鲜卑文化、党项文化、吐蕃文化、蒙古文化等。可以说，陇右文化是中华文化的开放性与兼容性的体现，陇右文化的弘扬与探索关乎我国文明认知及文化基因的存续，也是连接民族情怀的枢纽，有利于中华民族文化的传承，同时也是坚定践行文化自信的生动体现。

## 四、陇右文化与黄河文化的关系

陇右文化和黄河文化之间存在着密切的关系，它们相互影响、相互渗透。在历史上，黄河流域是中国的政治、经济和文化中心，陇右地区处于黄河流域的中上游，是黄河文化的重要发源地之一。同时，陇右地

① 雍际春、余粮才、刘雁翔、霍志军、于志远：《陇右文化：中国地域文化之奇葩》，《光明日报》，2005 年 12 月 14 日第 11 版。

区也是丝绸之路的重要节点之一，是东西方文化交流的重要地带，这种特殊的地理位置和历史背景使得陇右文化和黄河文化之间的交流和融合更加密切。

一方面，陇右文化受到黄河文化的影响。陇右地区的政治制度、社会风俗、家庭制度等方面都受到黄河文化的影响。例如，在政治制度方面，陇右地区的政治制度注重礼仪和制度建设，这与黄河流域地区的政治传统一致。在社会风俗方面，陇右地区的民间信仰和节日习俗也受到黄河文化的影响。在家庭制度方面，陇右地区的家庭制度注重孝道和家族传统，这也是黄河文化中的重要价值观念之一。

另一方面，陇右文化也对黄河文化产生了影响。陇右地区处于黄河流域的重要位置，是黄河文明的重要发源地之一。陇右地区的多元文化和独特的文化特色，也对黄河流域的文化发展产生了影响。例如，在文学方面，陇右地区的文学作品如《天雨花》《绣像忠义水浒传》等，对后世文学的发展产生了影响。在艺术方面，陇右地区的民间艺术如剪纸、皮影等，也对黄河流域的艺术发展产生了影响。

## 第二节　陇右文化与旅游业协同发展的现状

地域文化的发展与地方政府的行为有着密切关系。从前面广义的“陇右”地域概念来看，范围包括如今的定西、天水、平凉、兰州四地，因此，在论述陇右文化旅游资源的开发和应用现状时，更多地需要结合各地政府政策和相关规划。就陇右文化与旅游业协同发展所产生的意义而言，一方面，旅游业的发展所带来的经济效益、社会价值、环境改善、文化的传播与交流对陇右文化遗产的保护与发展起到了重要作用。另一方面，陇右文化的开发与保护反过来促进旅游产业的扩大，带来了丰富的旅游资源，增加了旅游产品的种类与数量。

## 一、陇右文化与旅游业协同发展情况

### 1. 陇右文化为旅游业发展提供源源不断的生机与活力

要实现旅游经济的健康可持续发展，必须深入挖掘旅游产品的文化内涵与文化价值。随着文旅行业的不断发展，旅游业之间的竞争愈演愈烈，而旅游业的核心竞争力就是文化。由于陇右地区具有独特的地域特征与底蕴深厚的陇右文化，极易形成自身的旅游品牌，为旅游业的发展提供了源源不断的生机与活力。随着文化旅游现代产业结构不断优化，陇右地区以极高的文化价值提升了旅游市场的深度与广度，进一步增进了旅游业与影视、住宿、餐饮等各行业的融合与发展，促进了文化旅游产业体系和市场体系基本健全，成为游客体验美好生活的重要方式和消费时尚。

每年在甘肃省天水市伏羲庙举行的公祭中华人文始祖伏羲大典，是由天水市政府于1988年恢复的有组织的民间祭祀活动。如今，公祭伏羲大典已成为颇具影响力的伏羲文化旅游节，是全世界中华儿女寻根认祖、祭拜中华人文始祖、增进文化认同和民族凝聚力的盛事，被列入国家首批非物质文化遗产保护名录，是甘肃省独具特色的重要文化品牌。公祭伏羲大典包含祭祖、研讨、展览展会、文旅赛事等多项环节，随着参加伏羲大典的人数越来越多，节会影响力越来越大，伏羲大典已经成了天水市一张亮丽的城市文化名片，不仅扩大了陇右文化中伏羲文化的影响力，而且促进天水市文化旅游产业融合发展，让以“伏羲文化”为竞争力和内核的经济模式在陇右这片古老的土地上悄然出现，并随着传承发扬优秀传统文化的热潮走向全国、走向世界①。2022（壬寅）年公祭中华人文始祖伏羲大典以“弘扬伏羲文化、展示龙城风采”为主题，举办伏羲主题文创旅游商品大赛暨展示展销活动，展出1 000余件文创旅游商品，涉及文房雅玩、雕塑雕刻、剪纸编织等7个方面的文创旅游

① 甘肃日报：《让伏羲文化在历史长河绵延永续》，《甘肃日报》，2020年6月16日第3版。

商品，真正把天水市文化与旅游资源禀赋转化为产业优势和经济优势[①]（图 4－1）。

图 4－1　2022（壬寅）年公祭中华人文始祖伏羲大典

又如预计 2025 年全面建成的长城国家文化公园（甘肃段），其中 3 个核心展示园之一——“陇右屏障（战国秦）”便是对陇右地区长城文化资源进行了系统梳理，对价值内涵作了准确提炼，主要展示战国秦陇右屏障西端起点望儿咀段长城，临洮、通渭、岷县境内的长城墙体、壕堑、烽火台、山险及相关其他遗存等。

**2. 陇右文化助力旅游产品供给质量提升**

甘肃省拥有悠久的历史、厚重的文化旅游资源，陇原儿女在长期的生产生活实践中创造了流光溢彩的文化遗产，孕育了优秀的民间艺术，展现了甘肃人民的热情、质朴和豪迈。陇右地区遗留的文化遗产是一种集历史、艺术、科学价值为一体的文化，需要通过旅游业的发展来宣传和推广，满足人们对文化内涵和艺术性的审美需要。陇右地区通过创新文创产品，深度挖掘历史文化遗产的意义和价值，助力旅游产品供给质量提升。

① 罗赟鹏：《天水展销伏羲主题文创商品》，《中国旅游报》，2022 年 6 月 24 日第 2 版。

如2022年“文化和自然遗产日”，由甘肃省文化和旅游厅主办的“非遗购物节”在张掖市启动。现场有来自全省各地的30家非遗工坊500多件非遗产品以及文创衍生品展示销售，多位传承人现场刺绣、剪纸并通过各平台直播带货，使线上、线下观众“沉浸式”感受陇右非遗魅力，选购非遗产品。无论是来自陇南的茶叶、酒泉的夜光杯，还是庆阳的香包，在坚持传统文化习俗的基础上，都逐步开始改良外包装，采用了当代社会流行的极简、新古风、国潮等元素，呈现出一种传统与现代审美结合的美感。通过陇右地区非遗与现代生活相连接，展示非遗之美、传承文化之根，进一步增强文化认同、坚定文化自信（图4-2）。

图4-2　甘肃省2022年非遗购物节

再如甘肃省文化和旅游厅为迎合城市游客、青年群体出游新主张，在2022年国庆假期特推出“陇上民宿”系列，旨在更好地满足游客近郊化、轻奢型、微度假、慢节奏乡村休闲新生活的美好需求，提高游客参与感、体验感，进一步提高陇上民宿品牌的知名度和影响力，多角度展示陇右深厚的文化底蕴及独特魅力，推动“陇上民宿”文旅产品朝着高质量发展之路迈进。乡村旅游方面，甘肃省依托丰富多样的文旅资源，以“乡村旅游+”为核心，塑造“陇上乡遇”品牌，先后投入12

亿元，成功打造省级乡村旅游示范村 310 个、田园综合体 10 个、乡村旅游精品线路 60 条，培育乡村旅游合作社 381 个，创建全国乡村旅游重点村 38 个[①]。2022 年 12 月，甘肃省文旅厅发布了 2022 版甘肃乡村旅游手绘图，以“相约陇原促振兴·富了口袋富脑袋”为主题，帮助游客品味乡村风情、感知乡村文化、体验乡村魅力，努力推广“陇上乡遇”乡村旅游品牌，把“深在闺中”的陇右旅游资源转化为脱贫致富的“金钥匙”（图 4-3）。

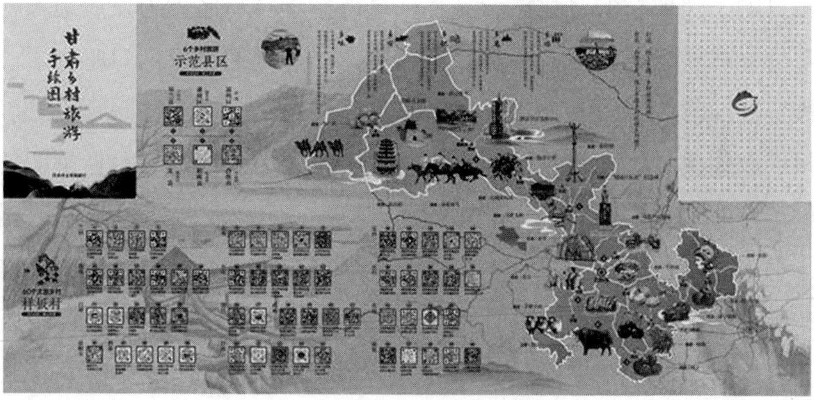


图 4-3　2022 版甘肃省乡村旅游手绘图

**3. 陇右文旅融合产生了积极的社会效益**

陇右地区出土了大量的文化遗迹，旅游开发使得陇右文化逐渐以清晰的面貌呈现在人们眼前，作为现如今历史教育、爱国主义教育、思想教育的鲜活题材，潜移默化中提升了人民的基本素养，树立了正确的价值观，坚定了文化自信，从而增强了作为中华儿女的民族责任感和自豪感。

此外，旅游开发力度的提升推动着旅游市场的扩大，各行业融合的同时创造了更多的就业岗位，解决了如今各地普遍面临的就业难题，维护了当地经济的健康发展。以甘肃省张掖市甘州区甘浚镇为例，借着甘

① 施秀萍、王兴海：《乡村旅游高质量发展的“甘肃道路”》，《甘肃日报》，2022 年 5 月 11 日第 7 版。

州区全面推进乡村振兴、聚力打造全域旅游示范城市的有利时机，甘浚镇速展村依托紧邻张掖七彩丹霞大景区的区位优势，先后建成占地面积9.8万米$^2$、具有“江南水乡”特色的速展街区和西域风情特色的“西遇·宿集”文旅综合体，修建高效智能日光温室238座、杂果采摘园200亩，设置野炊垂钓烧烤区、亲子休闲娱乐区、特色美食品尝区，田园风光带来的独特体验吸引了无数游客。2022年，该村累计接待游客超10万人次，提供就业岗位80多个，带动周边农户增收800多万元，初步打响了速展村的乡村旅游品牌。这得益于甘州区大力发展地域特色鲜明的乡村旅游产业的政策契机，速展村的村民们在家门口吃上了“旅游饭”。甘浚镇的蝶变仅仅是甘州区发展乡村旅游的一个缩影。近年，甘州区以创建省级乡村旅游示范区为抓手，大力发展地域特色鲜明的乡村旅游产业，投资26.5亿元新（续）建靖安堡文旅水镇、三闸甘州水驿、平山湖喀尔喀小镇等重点乡村旅游项目19个，加速打造“环境美、生产美、生活美、人文美”四美融合的田园乡村。2022年，甘州区接待乡村旅游游客797.77万人次、同比增长39.1%，实现旅游综合收入15.34亿元、同比增长78.37%[①]（图4-4）。

**4. 旅游业的发展助力陇右文化走向世界**

对文化遗产的旅游开发，使越来越多的游客深入了解了甘肃的文化，带来了“丝绸之路”旅游热潮。尤其是近年作为“丝绸之路”沿线旅游重要城市的敦煌市，成为“丝绸之路”文化的重要节点。在“一带一路”发展过程中，以重要文化遗产为支撑点，形成文化特色，打造地区品牌，在甘肃省形成以敦煌为中心的文化产业群，充分发挥甘肃省“丝绸之路”沿线世界文化遗产在文化交流和经济发展中的作用。在贸易方面，利用兰洽会、文博会、药博会等平台扩大甘肃省黄河文化的对

① 李红军：《甘肃甘州：农民在家门口吃上“旅游饭”》，https://news.cnr.cn/local/dftj/20230326/t20230326_526196221.shtml。

图 4-4　甘肃省张掖市甘州区乌江镇新河田园综合体艺术稻田

外贸易交流，积极推动敦煌市文化贸易基地建设。

旅游开发带来的线上文化交流更是促使甘肃省世界文化遗产走得更远。敦煌研究院自成立以来，利用互联网技术进行文化遗产资源线上资源存储、整合、开发，先后与华为、腾讯等多家网络公司合作，以视频、活动、讲座等形式进行文物宣传、保护工作，均取得了较高的社会评价，吸引了更多人来热爱敦煌文化、研究敦煌文化，投入其保护事业中。

## 二、陇右文旅融合发展的特点

### 1. 文艺创作不断创新

近年，围绕唱响主旋律、传播正能量的时代主题，“陇右文化”的相关选题策划得到扶持引导，如 2022 年热播的历史谍战剧《风起陇西》，以一种“文化考古”的姿态，一方面还原历史现场，另一方面将“陇右文化”的精神内核与时代新语境相结合，融入悬疑、反恐等现代元素，为观众搭建了一座连接历史与今天的桥梁。随着该剧的热播，“陇西”这个地名随之成为大众“知识考古”的对象，引发了观众对陇右文化的热议。

在新业态产品创新方面，2022 年 4 月，由甘肃省非遗保护中心指导，甘肃西戎文化旅游开发有限公司、甘肃青松旅游管理有限责任公司与柚子青年项目组联合推出的大型沉浸式实景非遗剧本杀“纱灯秘境”，也是陇右文化与旅游产业协作发展的一次极具挑战性的创新之举。作为甘肃省首个实景非遗剧本杀，“纱灯秘境”选择了兰州西固区河口古镇，自古以来，河口就是通往河西走廊、湟水流域的重要关卡，是古“丝绸之路”和“唐蕃古道”交会贯通的要冲之地，被誉为“金城西大门”，是古代黄河上游著名的四大渡口之一。2014 年 4 月，兰州市西固区启动实施河口古镇恢复建设工作，先后投入资金 2.5 亿元，复原了钟鼓楼、卧桥、城门、牌坊、码头等古建筑。基于景区的优越地理环境与深厚的文化底蕴，运营团队以陇右民间故事中的“河口四绝”进行改编，以河口古纱灯传承为核心内容，搭建了一个富有创意的实景冒险空间，让游客能够深度感受一场“古镇穿越之旅”。这种以景区风景为载体、以文化为魂的新业态，激发了景区发展活力，为文旅产业的持续发展注入更多能量（图 4－5）。

图 4－5　身着古装的玩家体验剧本杀“纱灯秘境”

**2. 品牌形象不断升级**

在统筹开展全省文化旅游整体形象宣传方面，甘肃省 2018 年正式提出“交响丝路·如意甘肃”这一鲜明独特的宣传主题和文旅形象品牌策略。其中，“交响”之意便指甘肃省1 600多千米丝路文明交汇交融的内涵特质。伴随着“交响丝路·如意甘肃”这张文旅烫金名片的不断淬炼，在“一带一路”倡议下应运而生的丝绸之路（敦煌）国际文化博览会和敦煌行·丝绸之路国际旅游节（即“一会一节”），被文旅部誉为文旅融合的典范。地市层面，在2022年定西市文化旅游资源专场推介会上，定西市文体广电和旅游局在讲述定西市文化旅游资源主要有“三张名片”时，提出全力打造“长城之源陇右屏障”品牌，与当地提出的“文商活市”战略相呼应。

在本土化IP打造方面，2022年4月29日，首个全省性的非遗工坊产品品牌——“陇遗有礼”非遗生活体验馆在兰州市试营业。“陇遗有礼”品牌产品涵盖庆阳香包绣制、皮影雕刻、洮砚制作技艺、刻葫芦、面塑、剪纸等具有陇右文化特色的非遗技艺，通过与兰州城市学院美术与设计学院等高校合作，对非遗工坊现有的产品外包装进行升级改造，采取市场化运营，把非遗工坊产品打造成不同社交场景下的礼品，最终打通与消费者之间的“最后一公里”。为培育形成具有甘肃特色的传统工艺产品和品牌，“陇遗有礼”目前已与甘肃省10家非遗工坊和企业签约，开通线上商城、直播间进行线上销售活动，并在微信公众平台、抖音、快手、小红书、微博等多平台全面推广①（图4-6）。

**3. 宣传手段推陈出新**

甘肃是个文化和旅游资源大省，但是酒好也怕巷子深。近年，甘肃省在文旅宣传手段上不断推陈出新，通过创新宣传方式吸引游客。2023年7月初，应甘肃省文旅厅的邀请，东方甄选直播团队走进河西走廊开展了甘肃专场直播活动。此次长达5天的直播总时长超过40小时，总观看量接近5 000万人次，全网发布相关视频超过7 550个、播放量超过8.6

① 卢艺文：《文化产业赋能乡村振兴“陇遗有礼”助力非遗工坊——甘肃省非遗保护中心积极推动非遗工坊建设》，http://wlt.gansu.gov.cn/wlt/c108542/202204/2009923.shtml。

图 4-6 “陇遗有礼”Logo 及相关产品

亿次。在直播“顶流”助推下，热度迅速扩散至线下，甘肃旅游业因此迎来了热潮。仅 7 月，兰州就接待游客 1 268.1 万人次，同比增长 4.3 倍。截至 2023 年 7 月底，敦煌六大景区累计接待游客 371 万人，同比增长 3.3 倍；七彩丹霞景区接待游客 140.2 万人次，同比增长 4.4 倍。

可以说“东方甄选看世界”甘肃行活动是甘肃文旅依托网络平台、借助知名 IP 开展宣传推广的一次重要尝试。互联网带来的巨大流量，使得陇右地区借助短视频，让网友们在千里之外也能一睹地方风光、历史人文风采（图 4-7）。

图 4-7 “东方甄选看世界”甘肃行相关数据

## 三、陇右文化与旅游业协同发展的不足

受城乡差距、区域差距的影响，陇右地区仍存在文化产业和旅游业协同发展不平衡、不充分的矛盾，与高质量发展要求存在一定差距。地处陇西的文化旅游资源具有种类繁多但规模较小、景点分布广泛却分散的特点，优质景观往往较为偏远等特点。虽然近几年，凭借西部大开发的机遇与其自身独特的资源取得了很大的进步，但与相邻的省（自治区）相比，陇右的文化旅游发展还处在初级水平，尚未形成规模化的产业格局，旅游产品供给还难以满足个性化、细分化、品质化的消费需求；全省文化旅游人才队伍建设滞后，跨界、融合、复合型人才严重缺乏，全产业运营管理水平仍处于低位。

**1. 文化旅游宣传定位有待调整，力度有待加大**

虽然近几年，甘肃省在文化旅游宣传上做了大量的工作，不间断地推出有影响力的文化节、文化周，然而成果并不理想。只要一提起甘肃，给人的印象不是荒凉、落后与贫穷，就是戈壁、沙漠和骆驼，这主要是宣传定位的失误。来到甘肃省的游客有相当一部分是冲着敦煌莫高窟去的，很多游客来到甘肃直奔敦煌，对其他旅游景点不闻不问，导致游客逗留时间少和游客大量流失。

**2. 旅游基础设施建设落后**

旅游产业是综合性产业，发展文旅还涉及交通、食宿、商贸等产业，然而陇右地区仍存在公共文化服务设施不完备、空间布局不合理、功能不健全等问题。其中，部分宾馆设施简陋、软硬件不配套，有的还存在管理落后、市场定位不明确等问题。就文化旅游市场投资运营主体而言，项目投资运营市场化水平不高，整体偏弱，项目融资渠道较为单一，重大文旅项目辐射带动效应有待提升，在一定程度上严重阻碍了甘肃省旅游业的发展。

### 3. 产品结构单一化，特色产品开发不足

陇右文旅资源具有多元化特点，开发多元旅游产品的条件得天独厚。目前，甘肃省旅游产品的开发无论从深度、广度还是立体开发上都存在着不足。在开发深度上，景区、景点的项目内容过于单调，文化内涵及科技含量丰富的资源未能充分展示出来。从开发广度上看，较注重自然旅游资源的开发，而对人文旅游资源缺乏足够的认识，开发力度不够，较注重对“硬件”的开发，而忽视对“软件”的开发，也存在特色产品开发不足等问题。

## 第三节　陇右文化促进旅游业高质量发展的路径

“十四五”时期，我国文化和旅游发展仍然处于重要战略机遇期，但机遇和挑战都有新的发展变化。促进陇右文化与旅游业协同发展，更要坚持以文塑旅、以旅彰文，推动文化和旅游深度融合、创新发展，不断巩固优势叠加、共建共赢的良好局面。

### 一、健全现代文化产业体系

挖掘陇右文化资源的内涵和时代价值，开发“文化＋影视”“文化＋演艺”“文化＋动漫”“文化＋出版”系统化产品。延伸文化与旅游深度融合产业链条，打造一批有特色、有影响、有效益的文化旅游产品，建设集文化创意、旅游休闲为一体的文旅综合体、文化旅游休闲街区、文化和旅游产业融合发展示范区，通过挖掘、开发各遗址内涵、场景展示、故事演绎等手段，增强陇右文化对不同群体的吸引力。

推出更多定制化旅游产品、旅游线路，开发体验性强、互动性强的文旅项目。如深挖陇右文化中的丝路文化、黄河文化、长城文化，开发主题性的文化研修产品，同时加强以黄土高原、戈壁绿洲、冰川雪峰、大漠戈壁、雅丹地貌等自然风光为主题的生态研修产品开发。

## 二、丰富优质文旅产品供给

优化陇右文旅产品结构，完善以丝绸之路、世界石窟长廊、千里河西走廊、华人寻根胜地等高品质陇右文旅产品，培育一批文化旅游商品研发、生产、销售龙头企业，丰富完善系列文创产品，提高供给能力和供给水平。

在推动陇右饮食文化与文旅产业融合发展方面，应当深入挖掘“牛、羊、菜、果、薯、药”等地域特色优势，研发推广“陇味”系列名菜、名宴、名吃、名店，塑造甘肃省饮食文化知名品牌，推动“陇味”品牌走出甘肃、走向国际。

在推动陇右中药文化与文旅产业融合发展方面，应当大力培育当归、党参、黄芪等中药材种植，药品和养生食品制造加工，医疗美容，养老陪护等康养旅游产业。依托中国（甘肃）中医药产业博览会推动康养资源与旅游业融合创新发展，构建大健康产业体系。联合知名中医院、高校、科研院所及专家力量，打造一批高质量中医药健康旅游示范基地。

## 三、加强文旅品牌宣传推广

加强与我国驻外使领馆、海外中国文化中心、孔子学院等海外中国文化传播机构及新华社、中新社等海外落地媒体沟通，开展文艺演出、艺术展览、旅游推介、中医药文化培训、在线云游及艺术家采风等推介活动，加强陇右故事、敦煌故事、丝路故事的多元化国际表达。加强文物保护、价值研究、文化传承、遗产管理、数字化技术、人才培养等方面的国际合作，发挥文物文博在推动陇右文旅对外交流合作中的独特优势。

借助现代媒体和各种节会，利用网络媒体、报刊、飞机高铁、学术研讨会等各种媒体和节会等，加大陇右文旅的宣传力度，打造“全员、全要素、全系统、全方位、全过程”营销传播立体矩阵，对一些旅游新业态可采取媒体矩阵进行营销，打造一批具有较高传播力和影响力的陇右文旅品牌。

## 四、健全人才队伍建设体系

促进陇右文化与旅游行业的协同发展，将深厚的陇右文化资源与各地文旅资源有机结合，综合保护、开发和利用，是一项知识、技术含量较高的文化旅游策划、建设、管理和营销工作。既要有专业的文化知识，又需要科学的文旅管理经营能力。除了从国内外引进专业技术人员、管理团队和经验丰富的人才以外，需要重点培养留得住、用得起的本土人才。

应当加强人才平台建设，重点支持兰州大学文化和旅游部重点实验室、敦煌研究院、省文化艺术研究院等本地机构，依托平台发挥人才聚集效应，培养引进高层次急需紧缺和骨干专业人才。建立符合文化和旅游行业特点的人才培养模式，优化与新发展格局相适应的文化旅游人才培养结构。同时，也鼓励推进各类人才“订单式”培养，鼓励高校、科研机构开设陇右文化相关专业、课程，设立“中职—高职—本科—研究生”人才培养体系，采取“导师＋团队＋项目＋传承”人才培养模式，促进学科融合交叉，着力培养旅游规划、文旅康养、文创乡创人才，挂牌建设“陇右文旅创新人才培养基地”。

在壮大文旅宣传人才队伍方面，可通过文旅网红达人视频创意大赛的方式，建立陇右文旅优秀创作者数据库，筛选达人、网红并培养优秀短视频、图文、配音创作者，通过用好优质文旅类主播等“互联网＋”人才，为陇右文旅传播“纳新”。通过对创作者进行培训、座谈等指导，给予资金、流量等支持的方式，鼓励创作陇右文旅话题内容，邀请其推介陇右城市、景区、地方历史文化，为特色文旅项目引流，并促进相关内容的繁荣发展和话题传播，持续生产优质内容。

# 第五章 河套文化与旅游业协同发展研究

河套地区源远流长，其文明可以追溯到原始社会。在奴隶社会时期，河套逐渐形成了独特的文明，该名称始于唐代，历经宋、元、明、清，“大河三面环之、河以套名，故称河套也”。河套地区向西可以抵达银川市一带，向东与山西省接壤，南跨黄河包括今天的鄂尔多斯市，北依阴山山脉的一个地区。由此可以得知，河套文化是一个大的区域文化体系，以内蒙古自治区巴彦淖尔市为中心的地域文化，包括山西、宁夏及内蒙古土默特、鄂尔多斯等地区的文化联系，它的地域特征是呈扇形放射状，中心地带在巴彦淖尔市。河套地区的文化经历史长河的洗涤，在中华文明的母亲河——黄河的臂弯里，孕育、生成了河套文化。

作为一种具有鲜明地域特色的文化形态，研究河套文化与旅游业协同发展对于优化旅游产品结构、推动文化产业的发展、提高旅游业的竞争力、促进地方经济的可持续发展和增强文化自信和社会凝聚力都具有重要的意义。

## 第一节 “河套文化”与“黄河文化”

河套文化是黄河流域特有的地域文化，是黄河文化、草原文化和农耕文化的重要组成部分，是我国北方文化中的瑰宝。在人类发展史上，以农耕文明为代表的中原文化与以游牧文明为代表的草原文化在此聚集交融，使河套文化具有草原文化与农耕文化碰撞交融的独特的文化特征和强烈的文化包容性。

## 一、河套文化的内涵

在河套文化的诞生、形成、发展中，包括黄河、草原、阴山、战争和移民五个关键的自然和人文要素。河套文化是草原文化和黄河文化的融合之产物，其自身漫长的生成发育以及复杂的嬗变传承过程①，特别是与乌拉特、鄂尔多斯蒙古文化的关系，也说明了河套文化与黄河文化的关系。追根溯源，中华文明是在水边成长、水边发展成熟的，中华文明从某种角度说也是“水”文明。治水从古到今都是中华先民的头等大事。河套地区历代所建成的引黄灌溉水利工程，可以说就是对“水文明”这一文化传统的继承，使河套平原成为我国古老的优良灌区。河套地区的水利建设，在秦和西汉时期得到快速发展，而汉唐时河套地区的农田水利建设，又促使了河套文化的本质由游牧民族文化开始转向了农耕文化。

同时，河套文化是北方草原主流文化的重要组成部分之一。在草原文化中，河套文化既是源，又是流②，深受历史上存在于北方草原地带的“草原丝绸之路”的影响。草原文化中商业的因素远远大于自给自足的农业文化，这一现象的出现，为推动历史发展、民族融合作出积极贡献。从商朝到周朝，至春秋、战国时期，河套地区的物资转运就已形成。到秦汉时期，中原与大漠南北道路的畅通，特别是通过河套地区的北方郡大道更为运输开通了方便之门。再到北魏、隋、唐时期，修筑了

---

① 李俊红：《论河套文化的自然地理要素》，《内蒙古电大学刊》，2019 年第 3 期，第 81－85 页。

② 恩和特布沁：《河套文化的历史特征及现代发展》，《实践（思想理论版）》，2008 年第 10 期，第 50－51 页。

多条南北通道，增进了大漠南北与中原地区的密切交流。宋代，北宋与辽在边境地区设置“榷场”，以互通有无。元代，草原丝绸之路达到了最为鼎盛的时期。到明清时期，仍有不俗表现，特别是在清代，旅蒙商发展兴旺，物资转运、道路修筑、贸易榷场以及商业中心的形成都发展很快，使河套地区曾经成为商贸发展的重要基地。这使得河套地区各民族之间文化交往的空间进一步扩大，深刻地影响了中原民族的文化构成；同时，中原地区提供的大量生产资料、生活资料，也满足了草原民族的生产、生活需要，促进了草原地区的开发与繁荣，促使民族文化在发展中得以更新。

## 二、河套文化的精神价值

文化是一个开放的动态系统，它是在时空中延续和变异的，它存活于现实发展之中，承载着过去，涵盖着未来。正因为如此，更应提倡传统与创新相结合，让文化在符合自身发展规律的自然演进中持续发展。既要以开放的心态吸取外来文化优秀的一面，博采众长，又要结合本土文化，以创新的眼光走民族文化特色之路，促进民族文化长兴不衰。今天的河套地区人民正在用“传统文化的现代化转换思维方式”培育着民族文化发展的个性。

河套地区有阴山横亘，黄河环绕，有草原的宽广，有平原的坦荡，有郁郁葱葱的绿树环绕，更有包容一切的胸怀。正是因为开放精神，使得河套文化绚丽多彩，开放打破了草原与中原之间的隔阂，带来了发展与繁荣。如今，河套文化依然展现出开放的胸怀和追求，它兼具历史悠久和时代进步的特性。

奔涌的黄河，给了河套文化崇尚自然、蓬勃向上、自强不息、与时俱进的特性，河套文明作为黄河文明的重要组成部分，不仅具有悠久的历史传承，而且具有与时俱进的时代精神。有句民谚称“黄河百害，唯富一套”，这也从另一角度说明了河套作为草原地区、黄河文明的一部分，尽管地处偏远，但经济和社会形态都走在前列，与黄河文明其他地方基本保持一致。

### 三、河套文化与黄河文化之间的关系

文化的关系可谓是密不可分。河套文化是黄河文化和草原文化的重要组成部分，它反映了人类发展史上农耕文明与游牧文明的碰撞交融。河套文化具有独特的文化特征和强烈的文化包容性，体现了草原文化与农耕文化的交流与融合。

河套地区在历史上曾经历了多次的文化交流和冲突。在隋唐时期，河套地区成为中国北方的重要地区之一，这里的人类活动和经济发展都达到了一个高峰。在这个时期，河套地区的文化和中原地区的文化开始更加深入地融合，形成了更加丰富多彩的黄河文化。到了明清时期，随着边疆政策的调整和经济的发展，河套地区的文化和秦文化、中原文化等更加紧密地联系在一起，形成了更加多元化的黄河文化。

河套文化和黄河文化在历史长河中相互交织、相互影响。一方面，河套文化是黄河文化的重要组成部分，是黄河文化在北方地区的延伸和发展。另一方面，黄河文化对河套文化产生了深刻的影响，推动了河套文化的形成和发展。同时，黄河文化和河套文化也在不断地交流和融合中相互促进，共同推动了中国文化的繁荣和发展。

总之，河套文化和黄河文化的关系是密不可分的。它们相互影响、相互促进，共同构成了中国北方文化的瑰宝。在未来，我们应该进一步加强河套文化和黄河文化的研究和保护，让这两种文化在新的历史时期继续发扬光大，为中华民族伟大复兴作出贡献。

## 第二节　河套文化的历史背景及现代价值

河套文化的历史可以追溯到旧石器时代晚期，距今约 3 万—5 万

年。作为西北地区最早发现的旧石器文化之一，河套文化具备北方草原自然经济形态的特点。

从历史角度来看，河套文化是中华优秀传统文化的重要组成部分，对于研究人类起源、文化演变和社会发展具有重要的意义。从文化角度来看，河套文化具有独特的地域特色和丰富的文化内涵，是旅游业发展的重要资源，可以为当地带来经济效益和社会效益。从经济角度来看，河套文化可以带动当地旅游产业的发展，增加地方财政收入，提高居民生活水平，促进地方经济的可持续发展。

## 一、河套文化旅游资源的界定

河套文化旅游就是以河套文化资源为主要内容的旅游活动，包括历史遗迹、建筑、民俗风情、民族艺术、宗教、节日习俗等。从内容上看，它主要包括历史文化、民族文化、移民文化、水利文化、酒文化、宗教文化、节日习俗文化、阴山岩画文化、战争文化、名人文化十大体系。其中，民族文化、酒文化、宗教文化、节日习俗文化、阴山岩画文化、战争文化、名人文化为当今河套文化旅游的主要发展方向。

在民族文化方面，河套地区自古以来就是多民族聚居区，无论是先秦时期的戎、狄，秦汉时期的匈奴，魏晋时期的鲜卑，还是之后的回纥、契丹、蒙古族，早就和汉族一起共同生活在这块土地上，从秦汉时期开始，河套地区农业和畜牧业并行的经济方式，草原文明与农业文明的碰撞融合，造就了这一地区悠久而独特的民族文化。在历史长河中，各民族创造留下了大量的文化遗存，如古长城、古墓群、阴山岩画，蒙古族的召庙、敖包等，既是历史文化的传承，又是民族交融发展的历史见证，承载着厚重的历史。

酒文化方面，河套谷物酒的酿造可追溯到新石器时代早期的 5 000 年前，“朱开沟文化”“庙子沟文化”和“巴彦淖尔市小佘太文化”遗址中就发现了酿制谷物酒的痕迹了，所以这个时期为河套酿酒业的成长期。之后，随着黄河流域农耕生产的普及，特别是生活在黄河上游周人的祖先在栽培农作物取得突破性进展后，在周人活动的区域及河套的边缘地区便开始出现“清醠之美，始于耒耜”（《淮南子》）和“空桑秽饭，酝以稷麦，以成醇醪，酒之始也”（《酒经》），酒开始普及。在游牧文明时期，河套地区开始盛行奶酒，到了清朝中期至民国初年，随着晋商的崛起和“走西口”的人纷至沓来，河套白酒已成为人们普遍喜爱的饮品。内蒙古自治区第一家企业博物馆——河套酒文化博物馆内以“金樽美酒、骏马天骄——内蒙古酒文化”为主题，概括了内蒙古酒文化上下五千年的历史，成为宣传和展现蒙古族地区酒文化的专门场所。

在宗教文化中，由于河套地区民族众多，移民信仰各异，道教、基督教、伊斯兰教、佛教等各种宗教和谐相处，成为河套文化中的一大特色。如我国西北地区最大的红教喇嘛庙宇阿贵庙，是内蒙古红教萨加教派唯一的活动场所，被内蒙古自治区列为十二大庙宇之一，是巴彦淖尔市磴口县重点文物保护单位（图 5－1）。

图 5－1 “红教”古刹阿贵庙

在节日习俗文化中，河套地区生活着蒙、汉、回等民族，各民族保持着自己独特的习俗，相互交融，相互影响，形成独具特色的河套习俗文化。如独特的乌拉特蒙古族服饰文化、独特的河套饮食习俗及多种形式的民间节庆等。

阴山岩画是河套文化重要的文化元素，是中国古代北方各民族文明历史的缩影，在世界岩画史和中华民族文化遗产中占有非常重要的地位，具有极高的历史文化研究价值。巴彦淖尔市是阴山岩画分布最广、数量最多的地区，在巴彦淖尔市的阴山山脉和北部草原的山谷岩壁中，已发现的岩画数量达数万幅，总数居全国之首，是中国七大岩画宝库之一。

北有阴山南有黄河两大自然屏障，加之优越的自然条件，河套地区自古以来就是“天然的军事要塞”和“兵家必争之地”，所以战争文化也是河套文化旅游资源的重要组成部分。现在遗存的秦长城、鸡鹿塞、光禄塞、高网塞、西受降城遗址等都是当年的军事要塞遗址。从古代军事斗争的角度看，在当时历史条件下谁占据河套地区，谁就拥有逐鹿漠北、马踏中原的天时地利，进可以攻，退可以守，形成屯垦边塞文化和军旅文化的特征。如秦始皇三十三年（前 214），秦将蒙恬率大军北击匈奴，匈奴被迫放弃原先控制的鄂尔多斯高原和乌加河河套地区，北退 700 余里，主要在阴山及其以北草原一带活动。

在连绵的战争中，涌现出众多杰出的军事家和精忠爱国之士，名人文化也是河套文化中的一大亮点。从战国时期的赵武灵王“变俗胡服，习骑射”，良将李牧镇守北疆，到秦国大将蒙恬率十万大军北击匈奴，“悉收河南地，因河为塞”。从冒顿单于鸣镝射马，到汉将军卫青、霍去病分兵进击匈奴，北抵瀚海；从昭君出塞，匈汉和亲，到乌桓突骑南征北战；从契丹首领耶律阿保机开疆拓土，到冯玉祥将军五原誓师，这都是河套文化中战争文化的杰出英俊。

## 二、河套文化的现代价值

天赋河套几字弯，几千年来，边塞文化、黄河文化、草原文化和农耕文化等在河套地区聚集、碰撞、融合、积淀，形成了兼容并蓄的河套文化，为河套平原文旅发展提供了支持，成为该地区发展文化旅游的重要资源。至今，河套文化的和谐精神仍可见于饮食风俗、宗教文化、音乐习俗中，蒙古族长调民歌、呼麦、那达慕、烤全羊技艺等便是河套文化的活态部分①。如饮食方面，既保持了各族的传统，又融会贯通，形成了独特的地方风味，在河套大地广泛流行。在民风民俗方面，河套人的“婚丧嫁娶”形式既有蒙式，又有汉式、回式，在一些细节方面，还将各族各地长处结合，形成比较统一的风俗习惯②。在传承的过程中，各民族都能相互学习、借鉴，接受认同。最典型的是宗教信仰，河套人的宗教信仰呈现出多元化的特点，各种寺庙、教堂都展现出了个性化特征，佛教、基督教、道教、伊斯兰教都有一定的尊信者，甚至在同一个村营里，就有三大宗教的不同信徒住在一起，且相互尊重，相互包容，充分反映了作为移民文化的河套人的宽容大度的性格天赋。独特珍贵的民族民间文化，绚丽多姿的民族民俗风情，凝聚了河套各族人民的聪明才智，奏响了民族团结和谐的乐章，印证了民族血脉融合的延续和民族大团结优良传统的传承。

## 第三节　河套文化与旅游产业协同发展现状

作为黄河“几”字弯的最顶端，以内蒙古自治区巴彦淖尔市为中心的黄河大后套流域是黄河流域的重要组成部分，而深入挖掘并研究河套文化旅游资源，是贯彻习近平总书记在黄河流域生态保护和高质量发展座谈会上的重要讲话精神，具有重要意义。

① 杨红：《让非遗唱出黄河文化的新声》，《光明日报》，2020 年 9 月 13 日第 2 版。

② 于相贤、郭志敏：《以河套文化为导向的巴市旅游形象优化》，《管理观察》，2018 年第 10 版，第 90 - 93 页。

## 一、河套文化与旅游业协同发展的意义

### 1. 为河套文化的传承发展创造新方向

随着人们的需求不断丰富，旅游产业的发展也呈现出越来越丰富的业态，文化的赋能为旅游产业创新发展带来新活力。对于消费者而言，文化旅游具有自身独特的吸引力，不仅能够满足人们旅游的乐趣，而且提高了精神文化素养。尤其是近年，在国家层面推动文化和旅游深度融合的背景下，全国各地将文化展示展演项目融入景区、历史文化街区，通过实景演艺、文创产品、沉浸式场景体验等方式，让游客更近距离地在旅游中感受文化的魅力，对优秀传统文化的传承发展起到助推作用。如最近火出圈的陕西省西安市大唐不夜城景区的“盛唐密盒”活动，由两位工作人员扮演“房玄龄”和“杜如晦”出题，游客参与挑战答题的项目，以盛唐文化为创意核心实景表演“房谋杜断”①。这种“演艺+互动”的形式，让现场观众既能体验“拆盲盒”的乐趣，又能了解历史人物及盛唐文化，成为西安市文旅融合的又一经典示范案例（图5-2）。

图5-2　西安市大唐不夜城《盛唐密盒》互动演艺

① 张静：《大唐不夜城的“网红天团”》，《西安日报》，2023年1月20日第6版。

在2023年1月5日举行的2023年全国文化和旅游厅局长会议上，中央宣传部副部长，文化和旅游部党组书记、部长胡和平围绕推进文化和旅游深度融合发展，再次提出“必须坚持以文塑旅、以旅彰文，坚持优势互补、相得益彰，让‘诗和远方’在共创美好生活中‘融’得自然、‘合’得协调”。[①] 由此可见，紧抓文化和旅游深度融合发展的契机，是河套文化传承和发展的新方向。

**2. 为旅游业的发展赋予更加深刻的内涵**

旅游业是大民生事业、大消费产业，在满足人民美好生活需要、带动社会消费增长、扩大就业等方面发挥着重要作用。随着我国旅游市场的快速发展和新兴消费群体的崛起，以年轻人和中产阶级为代表的新生代消费群体已成为市场需求的主导者，其消费理念从过去的追随大众、低消费向高品质、更注重体验感转变，更关注旅游内容的可体验、可参与程度及丰富度。因此，打造优质河套文化文旅产品，为旅游业注入更加优质、更富内涵的文化内容，有助于激发多层次消费需求，助力当地旅游业打造更加丰富多彩的“诗和远方”。

在文旅融合的过程中，河套文化先天的文化“基因”和日益繁荣的旅游市场空间优势互补，不仅带动了对河套文化的有效传播和传承，而且促进了当地文旅产业的融合发展。旅游业通过主动了解、适应新时代群众对河套文化的新需求，把扩大旅游内需同深化旅游业供给侧结构性改革有机结合起来，着力推动产业提质升级，为拉动消费复苏、提振消费意愿、促进消费潜力贡献力量。

## 二、河套文化旅游资源应用的现状分析

河套文化是巴彦淖尔市文化旅游的重要资源，近年，巴彦淖尔市

① 周玮、徐壮：《文旅部：推进文化和旅游深度融合发展》，《新华每日电讯》，2023年1月6日第2版。

委、市政府已充分认识到发展旅游业对巴彦淖尔经济发展的重要性，因此切实把旅游产业放在优先发展的地位。

2005年，巴彦淖尔市委、市政府提出了打造河套文化品牌、建设民族文化大市的战略部署，并实施了“探索、研究、普及”和“传承、交流、开发”两个“三步走”战略，搭建了“泛河套文化圈”，后又提出“打造河套文化名城”的目标定位，出台了《关于进一步加强河套文化建设的意见》，成为贯彻落实自治区党委、政府建设民族文化大区战略、加快河套文化建设、加快文化产业发展的重要举措。在随后的总体发展战略中，政府主要从软载体与硬载体两方面对河套文化加强建设。

在软载体方面，一是以理论研究和学术交流为载体，营造浓郁的河套文化学术氛围。如2008年成立了内蒙古河套文化研究所，专家学者撰写的论文达230多篇，编印五集《河套文化论文集》，编纂12卷本“河套文化丛书”，编辑刊发《河套文化》期刊16期，并连续十年举办中国·河套文化研讨会，提升河套文化的影响，开发利用河套文化资源。二是以新闻宣传和社会宣传为载体，推进河套文化传播。近年，巴彦淖尔连续成功举办了18届中国·河套文化艺术节，使河套文化成为全区乃至全国重要的文化品牌之一。以此重点活动为引领，各旗县区举办华莱士节、梨花节、猪文化节、葵花节、鸿雁艺术节、中蒙文化交流周等各类文化节庆活动，示范带动社区文化、企业文化、广场文化、校园文化、军警营文化、农牧区文化等多元文化繁荣发展①。又如2008年确定为河套文化建设传播年，结合实际组织开展河套文化建设社会宣传活动，精心摄制并在中央电视台播出了5集电视系列专题片《河套长烟》，在内蒙古卫视制作播出7集电视专题片《千古河套》，在巴彦淖尔电视台推出《魅力河套》百期栏目，围绕和服务申遗，打造出了大型情景剧《阴山·古歌》、电视连续剧《我叫王土地》，成为河套文化外宣的

① 张静：《天上黄河正正来》，《中国文化报》，2022年3月11日第6版。

品牌。

在硬载体方面，打造以河套文化为主题的旅游景区，是巴彦淖尔市旅游的重要特色。一是政府以改善基础设施为重点，新建了一批展示和传播河套文化的文体场馆、设施载体。如位于黄河干流“几”字弯头的三盛公国家水利枢纽工程。该工程始建于1959年，是河套千万亩灌区的源头，被誉为“万里黄河第一闸”。作为国家AAAA级旅游景区，这里集观光游览、休闲度假、户外运动、生态科普等功能于一体，是内蒙古自治区“十三五”期间重点打造的100个精品景区之一。此外，位于巴彦淖尔市临河区与双河区之间的黄河河套文化旅游区，是全市最大的开放性湿地旅游区，2014年被评定为国家AAAA级旅游景区，2015年被确定为内蒙古自治区旅游品牌之一。另一个典型的文旅融合案例便是位于巴彦淖尔市临河区双河镇进步村二组的河套非遗小镇。小镇共有50多个大院，按照“五行与四季”命名9条街，12个片区采用十二时辰命名，分别对应非遗技艺传承区、非遗美食区、博物馆区、非遗技艺体验区、文创产品展销区等。这里不仅是展示具有地方特色的非物质文化遗产项目的平台，而且是河套文化与旅游业融合发展的一张新名片（图5-3）。

图5-3 巴彦淖尔市临河区双河镇进步村二组河套非遗小镇中的小满大院

二是成立旅游和城市规划建设项目文化景观审查委员会，文化专家参与重点建设项目的审查，在城市建设中尽量展示河套文化元素，大大增强了城市的文化特色和品位。如临河区黄河湾步行街是巴彦淖尔市的仿古建筑步行街，集文化、旅游、观光、餐饮、休闲、娱乐、购物为一体，是体现黄河文化、河套文化的综合性文旅项目。街区与 20 家非遗工坊建立了“协同创作中心”开展线下活态展示活动，定期开展非遗传承人技艺作品展。同时，街区还建有工艺美术馆，陈列展示面塑、剪纸、泥塑、石雕等 14 个非遗传承项目和 25 个非遗传承人的 260 件非遗作品。此外，每年巴彦淖尔市文化惠民周暨非遗美食季展销展演、非遗路演等活动也在这里举办。黄河湾步行街已成为该市非遗聚集地、夜经济消费集聚区，年接待游客 200 多万人次[①]（图 5－4）。

图 5－4　巴彦淖尔市临河区黄河湾步行街

除此以外，当地还更加注重在当地优质特色农牧产品外包装上体现河套文化元素，如“河套王”“三胖蛋”“恒丰面粉”等知名品牌通过多

① 裴秋菊、祁小宁、王雪娟、裴秋菊、崔娜、张红娟、王慧、秦毅、郭志清、朱萌、张莹莹、苏锐：《文化遗产保护融入黄河最美风景线》，《中国文化报》，2023 年 3 月 25 日第 1 版。

年卓有成效的努力，其中蕴含的河套文化逐渐深入人心，产业的融合推动了文化“走出去”和本土产业发展（图5-5）。

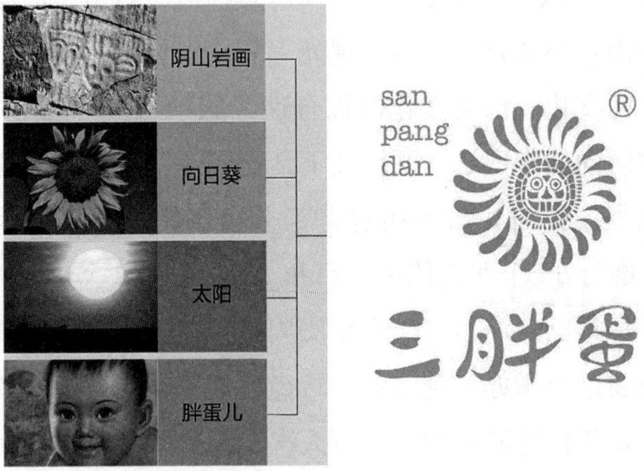


图5-5 “三胖蛋”品牌Logo原型为阴山岩画向日葵形象

## 三、河套文化与旅游产业协同发展的不足

就目前来看，巴彦淖尔市虽然在政策的支持下旅游业迅速发展，但仍存在河套文化深入挖掘不够、文旅品牌发展不足和河套文化旅游宣传缺乏新技术的应用等问题，在文旅融合发展中仍然存在诸多问题。

**1. 区域旅游基础设施薄弱**

巴彦淖尔市目前已重点锚定“绿”（草原、田园和次生林）、“蓝”（湖泊）、“禽”（乌梁素海鸟类）、“野”（戈壁自然野趣）、“情”（少数民族风情和边关情趣）、“史”（历史遗存）6大类的旅游资源，丰富的文化资源加上丰富的旅游资源，让巴彦淖尔市的“诗和远方”迸发出极具经济价值的新动能。然而目前，巴彦淖尔市A级旅游景区数量较少，只有33家，其中AAAA级6家、AAA级11家、AA级16家，星级接待户48家、五星级21家、四星级22家、三星级8家[①]。可以说大多数

① 张静：《天上黄河正正来》，《中国文化报》，2022年3月11日第6版。

旅游资源的开发仍处于初级阶段，主要是单体资源开发为主，综合开发较少，相关的配套设备不完备。如乌梁素海基础设施薄弱，后续建设任务艰巨。同时，巴彦淖尔市作为河套平原崛起的农业发达城市，千百年来以发展农业为主，忽视了城市的基本建设，市政府所在地临河区公交线路未能有效延伸至城市角落，市区公园虽在逐步增加，但是数量有限，用地有限，同样满足不了市民公共休闲娱乐的要求。截至目前，全市仅有四个城市公园（人民公园、河套公园、黄河湿地公园、足球公园），且公园设施极不完善，破坏程度较大。

**2. 区域文化产业化程度普遍较低**

文化被当成是一种事业而不是一种产业，文化产品和文化资源的市场化程度低，如馆内的文物由于缺乏产品化和产业化开发，本身很有价值的文化资源不能满足当前市场需求，致使文物只能躺在文化场馆里，很难发挥应有的价值，造成文化资源的极大浪费。

河套文化旅游资源虽有较高的文化价值、历史价值和旅游价值，但这些旅游资源有的正在规划开发，有的还未进行开发，产品开发滞后，旅游形象维护缺失，因此导致这些资源虽具有较高知名度，但价值没有得到充分体现。如阴山岩画是河套文化重要的文化元素，是反映我国古代北方各民族文明历史的千里画廊，在世界岩画史和中华民族文化遗产中占有非常重要的地位，具有极高的历史文化研究价值。但目前对阴山岩画文化旅游的开发尚未完善，缺乏有创意的旅游产业规划，导致游客无法完全感受到河套文化的独特魅力，难以再现远古文化。

**3. 文旅融合范围单一，整体合作领域不广**

河套地区在文旅融合过程中，企业只重视文化与旅游资源的融合，而旅游中的吃、住、行、购等其他要素与文化的融合度相对较低。由于缺乏融合方式创新，基于两者融合而开发的旅游文化项目其内涵也难以丰富和多元化。尽管在旅游市场上已经出现文化旅游产品，但是高品质文化旅游产品还有待深度开发。

**4. 旅游形象缺乏河套文化的深入挖掘**

旅游形象设计在河套文化层面上挖掘还不够，致使旅游者无法感受到河套文化的魅力。另外，由于与文化息息相关的旅游项目需要长时间的投入，使得资金往往会断流，约束了河套文化的魅力展示；为了迎合旅游者的爱好，河套地区大力发展自然观光旅游，从主题塑造上也倾向于自然风光，如黄河三盛公水利风景区、乌梁素海、纳林湖等自然景观备受青睐，但对这些颇具魅力的风光缺乏针对河套文化的挖掘，使得旅游更显单一，致使区内外游客认为当地没有地方可以旅游。文旅产业融合不仅是在旅游项目和产品开发过程中加入文化元素，而且是要深入挖掘当地特有文化，采用合适的开发模式使其文化底蕴呈现出来。目前河套地区很多旅游产品在开发过程中加入文化成分，但是其融合创新水平较低，整体对游客缺乏吸引力。

**5. 文化旅游融合发展人才的严重缺乏**

区域文旅融合发展不是旅游和文化的简单相加，文化旅游产品的设计需要创意，这就对创意性人才提出要求。创意性人才是文旅融合发展的保障，是文旅融合持续发展的动力所在。目前既熟悉历史文化又懂旅游的人才较少，懂创意又懂市场运作和经营管理的人才更加缺乏，这些都制约着河套地区文化产业和旅游产业的融合发展。

同时，在文旅宣传方面，政府在当地公共场所开展河套文化的宣传工作，但传播方式较为传统，传播受众较为局限，虽利用巴彦淖尔日报社、巴彦淖尔广播电视台等当地主流媒体及网络传媒对河套文化进行传播，但效果仍然不理想，涉及的宣传主体大多为已来过或已知晓的游客，而对全国的宣传工作并不到位，需要创新网络传播方式。

## 第四节　河套文化促进旅游业高质量发展路径

文化生存状态不仅积淀着一个民族和国家过去的全部文化创造和文

明成果，而且还蕴含着它走向未来的一切可持续发展的文化基因，是民族存在和发展的全部价值和合理性、合法性之所在①。当前，河套文化与巴彦淖尔市旅游业发展面临的困境，与人们对文化的发展理念、社会经济技术发展水平等因素息息相关，只有制定好相应的应对政策，才能够促进河套文化与巴彦淖尔市旅游业的协同发展。

## 一、实施特色品牌战略，转化助力发展新动能

挖掘品牌文化内涵首先要进行“文化主题定位”，只有对旅游文化体系进行梳理，形成与提炼一个文化主题，突出文化特色和主流文化，才能使历史内涵、艺术内涵、价值内涵凸显。河套文化旅游就是以河套文化资源为主要内容的旅游活动，包括历史遗迹、建筑、民俗风情、民族艺术、宗教、节日习俗等。挖掘品牌文化内涵的重点是开发旅游文化载体。一般来讲，旅游品牌的文化内涵很抽象，游客难以直接感知，因此文化旅游载体是旅游品牌文化内涵的直接和最终表现形式，要深入挖掘河套地区的历史文化资源和历史文化精神，包括历史溯源、民间传说、民俗故事等，依托建筑、雕塑、服饰、饮食、礼仪、节日等形式，增强旅游的创新性、知识性、趣味性，让旅游者在参与体验中充分感受到河套文化的独特魅力，将河套文化的深度与内涵体现出来，进而提高河套文化旅游品牌价值。

例如，积极打造民族节庆文化活动和节庆赛事品牌，挖掘和传播独具特色的地域民族文化。以举办重大节庆活动为依托，将文化与旅游充分融合，带动全市文化旅游业快速发展。进一步举办好河套文化艺术节、华莱士节、乌拉特草原文化艺术节、兵团文化艺术节、“冰封河套·雪舞阴山”冬季系列活动等节庆活动，增强文化旅游的吸引力，带

① 胡惠林：《国家文化安全：经济全球化背景下中国文化产业发展策论》，《学术月刊》，2000年第2期，第10-18页。

动文化旅游产品的开发。通过组织具有影响力的国内外赛事活动，如乌兰布和沙漠垂钓大赛、国际驼球赛、本巴图汽车越野车拉力赛等，来推动文化旅游与赛事活动的合作与发展，辅之以文化旅游论坛、投资洽谈会、项目交易会等形式，推进文化与旅游相互合作与共同发展。

## 二、强化农产品系列，丰富完整的商品体系

河套灌区是亚洲最大的“一首制”自流引水灌区，是国家重要的商品粮油基地。位于五原县隆兴昌镇的河套农耕文化博览园建于 2011 年，是集现代农业、清洁能源、商贸流通、高新技术研发、农耕文化、乡村旅游于一体，一二三产业相融合，产业多元化发展的综合性示范园区。

河套平原是我国重要的粮食产区，依托得天独厚的资源禀赋，巴彦淖尔市积极挖掘农耕文化旅游资源，展示丰收硕果，2018 年便注册了农产品区域公用品牌——“天赋河套”集体商标。作为巴彦淖尔市农畜产品全产业、全品类的区域公用品牌，授权具有巴彦淖尔特色、品质优良、绿色有机高端、符合公用品牌标准的产品使用“天赋河套”农产品区域公用品牌。截至 2022 年 11 月 8 日，“天赋河套”区域公用品牌系列商标共申请 45 个类别 194 件，成功注册 41 个类别 146 件。位于临河区文博中心南广场 D 区的“天赋河套”优质农产展销中心，入驻的企业有 120 多家，产品达 1 200 多种。作为巴彦淖尔市现代农牧业与优质农产品的品牌航母，“天赋河套”奋力推动了巴彦淖尔市农牧业绿色高质量发展（图 5－6）。

众多的优质农产品以及与之相伴的独具特色的河套文化，都为河套文化的商品研发奠定了良好的基础，提供了广阔的发展空间。要在“天赋河套”的基础上，加大旅游发展资金对于河套特色旅游商品研发生产企业的支持力度，将一批自主研发能力强、市场前景广阔的特色旅游商品企业，培育成精品旅游商品品牌，从而不断丰富和完善旅游商品的种类，逐步形成门类齐全、风格鲜明的旅游商品系列，满足不同层次游客需求。

图 5-6　“天赋河套”品牌 Logo 及授权企业

## 三、加强宣传信息技术的全面应用

互联网时代的到来为经济发展提供了新的机遇，新媒体的出现更是为巴彦淖尔市河套文化和品牌的传播建设创造了有利的平台，为巴彦淖尔市发展和产业结构转型升级提供了必要条件。新媒体的受众更为广泛，传播更为迅速，受众参与度也明显提升，并且新媒体在年轻受众群里的影响力更强大，其力量不容小觑。在文化传承领域，可以借助新媒体来向年轻一代传递文化理念。比如，可以建立河套文化的专门网站传播其内涵，同时开启河套文化“微时代”，开办河套文化公众平台，将河套文化的优质资源进行整合，可以通过公众平台的新型渠道进行资源整合，为文化发展的转型升级搭建合作平台①。一种文化的传承，既要有其内涵的继承，又要融入时代，适应时代的发展。新媒体、自媒体不

① 张瑞坤、董佳琦：《网络环境下河套文化传播渠道探析》，《新闻研究导刊》，2018 年第 17 期，第 34－35 页。

断发展的今天，我们更应该运用新的传播媒介对河套文化进行传承与发展。

## 四、推动旅游业服务质量与基础设施建设

游客对景点体验感的好坏也取决于旅游业的服务质量高低，即使景点拥有得天独厚的旅游资源，如果游客服务质量太差也会直接影响城市文化在游客心中的形象。因此，在发展旅游业时要遵循服务至上的理念，增强对服务行业人员的培训工作，提升服务质量。此外，要加强文化设施建设，一方面在市内建设涵盖河套文化的博物馆、美术馆、文旅产业市场等一体的河套文化产业园，合理布局，以满足游客参观与休闲购物等需求，充分发挥河套文化的魅力与河套产业的潜力。另一方面，要在景区、度假村等旅游场所大力注入河套文化元素，增加一些文化体验项目，以提高游客的体验感。

# 第六章

# 秦文化和旅游业协同发展研究

陕西历史文化底蕴深厚，是黄河文化孕育、生成、壮大的核心区域，其悠久的历史文化在一定程度上构成了中华文明史的完整发展序列。115 万年前，蓝田猿人使用打击石器和星星之火，在亚洲北部开创了中国历史的先河。5 000 年前，炎、黄二帝从陕西黄土高原出发，带领中国进入文明时代，以渭河流域为中心的陕西文化开始成为中华文明的重要组成部分。西周创立的礼乐文化构成了中国传统思想、文化的核心。秦统一六国后，确立的多种制度奠定了中国 2 000 年来政治文明的基础。汉代开通的丝绸之路使中国因文明发达而闻名于世。魏晋南北朝时期，陕西见证了中国历史上规模空前的民族大融合、文化大交流。隋朝创立的科举制至今仍影响着中国乃至世界众多国家的人才选拔。唐朝创造了一个让人自豪、让人追忆并永远激励人们昂首奋进的盛世。即使唐以后的陕西虽不再是首都所在之地，但长期担负着维系西部稳定、守护中原安全的重任，并在文化传承发展方面取得了很多有巨大影响的成就。陕西独特的历史地位造就了陕西丰富的文化遗存，也成就了秦文化的独特魅力。

本书中提到的秦文化，是指以古代关中地区为核心的秦地、秦人所创造的物质文化和精神文化的总和。简单来说，秦文化是指陕西一带古老的文化，该文化以关中地区为主。陕西地处中国西部，是十三朝帝都，穿越千年历史，八百里秦川尘土飞扬，三千万老陕秦腔齐吼。作为中华文明的重要代表地区之一，陕西历经周、秦、汉、唐等13个朝代，拥有悠久的建都历史和丰富的文化遗产。陕西拥有超过50 000处文物遗址和700多万件馆藏文物，其中包括举世闻名的兵马俑和黄帝陵等代表中华文明的精神标识。壮丽的山川、丰富的物产以及深厚的人文底蕴为秦文明的演进和社会发展提供了得天独厚的条件，使得陕西在中华文明史上具有重要地位。

作为黄河流域重要的文化之一，秦文化影响力深远，对中国历史和文化产生了深远的影响。对黄河秦文化旅游业进行开发，可以将秦文化和黄河文化进行融合，打造出独具特色的旅游产品和品牌形象，推动当地旅游业的发展和经济的提升。

## 第一节　“秦文化”与“黄河文化”

作为中国历史上独具特色的文化体系之一，秦文化具有深刻的历史意义和文化价值。它不仅是中国历史文化的重要组成部分，而且是中华民族共同体意识的重要组成部分。

如果将黄河比喻为母亲河，那么渭河则是母亲怀抱中的瑰宝。在黄河“几”字形的大屏障中，精心呵护着一个渭河盆地。正是由于黄河支流——渭河的滋养，八百里秦川才得以富饶，中华文脉才得以延续千年，周秦汉唐的绝代风华才得以展现。回溯历史，陕西因黄河而兴盛，因黄河而繁荣；而在今天，陕西更需要勇于担当，站在“中华民族的根与魂”的高度，讲述陕西黄河故事，彰显黄河文化的当代价值。

### 一、黄河流域是秦文化的发祥地

黄河孕育了八百里秦川，这里也是人类早期文明的重要发源地。丰富多元的根脉文化在这里诞生，其中包括农耕文化、彩陶文化和文明兴起。

首先，农耕文化是黄河流域的重要组成部分。渭河和泾河是黄河最大的支流，而泾渭流域则是黄土高原农业最发达的地区。由于这里地势平坦、土壤肥沃、水源充足，从远古时期开始，陕西黄河流域的华夏先民就在这片沃土上繁衍生息，并逐渐发展出了早期的农耕文化。在宝鸡北首领灰坑内发现的碳化粟粒和半坡遗址中的碳化菜籽等重要发现，都是早期农耕文化的历史见证。

其次，彩陶文化是黄河流域的重要文化遗产。距今 8 000 年前，渭河流域开始出现彩陶的萌芽，并形成了一定规模的彩陶文化区。彩陶文化在中华文明进程中发挥了重要作用，从老官台文化到半坡文化、庙底沟文化，一直延续到仰韶时代晚期。

最后，文明的兴起是黄河流域的重要历史时刻。随着生产工具和社会生产力的不断发展，中华民族的先民开始跨入文明社会的门槛。新石器时代晚期，宫殿与城池拔地而起，早期国家也普遍形成。陕西北部的延安芦山峁、神木石峁等城址的发现，标志着当时这里已经进入早期国家阶段，中华文明的进程也因此得到了进一步推进。

## 二、秦文化的形成和发展受到了黄河文化的影响

灿若星河的史前文明在陕西黄土高原上生根发芽，并在黄河的滋养下不断发展壮大。朝代的更迭与文化的发展相互交织，随着时代的进步，一个前所未有的“大一统”时期到来，周秦汉唐的璀璨成就托起了中华民族最为辉煌的盛世文化。

首先，礼乐文化。中国一直以来被誉为礼仪之邦，礼乐文化是传统文化的重要特色。古代先贤通过制礼作乐，形成了一套完备的礼乐制度，但直到周朝，作为政治制度的周礼才得以发展完善。周朝崛起于陕西黄土高原，周礼涵盖了饮食、辞让、冠婚、丧祭、射御等社会生活的各个方面，并扩展为亲亲尊尊、同姓不婚等宗法政治内容。周人通过制

礼作乐，完成了制度与思想的双重建构，实现了“普天之下，莫非王土”的政治理想。

其次，“大一统”天下观。早在西周时期的青铜器上，就已经出现了“中国”一词，意为“天下之中”，“大一统”的观念正是“天下”观的延续。“大一统”的天下观发端于先秦时期，成熟于秦汉之际，并最终成为塑造中国文明基体的重要政治思想，影响了此后 2 000 多年中国社会文明的发展进程，对中国统一的多民族国家的形成和发展具有重大而深远的意义。

再次，儒家文化。汉朝是又一个在渭河流域建都的大一统国家，400 多年的历史铸就了汉朝辉煌灿烂的文化，其中尤以儒家文化最为显著。自汉朝董仲舒提出“罢黜百家，独尊儒术”后，这一以“仁、义、礼、智、信”为核心思想的儒家文化便成为治国安邦的正统思想，发展为中国封建统治时期的重要理论支撑，并引领了此后中国长达数千年的政治理念和社会风尚。

最后，文化融合。丝绸之路始于汉朝，兴盛于唐朝，而陕西则是古丝绸之路的起点。这一历史悠久的东西方交通大动脉既是贸易的重要通道，也是东西方文化交融的重要桥梁。它不仅促进了中国与世界各国的贸易交流，更展现了中国开放包容的文化态度，对后世的文化交流产生了深远的影响①。

总之，秦文化和黄河文化之间存在着紧密的关系。它们相互影响、相互促进、相互渗透，共同构成了中国历史和文化的重要组成部分。研究和学习秦文化和黄河文化有助于我们更好地了解中国历史和文化的发展，也有助于我们更好地认识和传承中华优秀传统文化。

---

① 韩建武、李大伟、陕西省文物保护研究院：《陕西省黄河文化价值的思考》，http://www.sxwby.com/content/content?id=2877。

# 第二节　秦文化和旅游协同发展的现状

近年，随着文化自信、高质量发展理念的提出，陕西省委、省政府对黄河流域文化旅游、经济发展、生态保护和治理高度重视，出台和实施了扶持文化旅游、区域协同、黄河生态保护及治理、沿黄交通等政策举措，对推进黄河流域文化保护及传承、文旅资源开发产生了重要作用，文旅融合新效应日益凸显。

## 一、资源品类丰富，为旅游业发展稳根固基

### 1. 自然资源独特，奠定地方旅游基础

黄河流经陕西省境内，自北向南经过了毛乌素沙漠、黄土高原，关中平原三大地形地貌区，流域内地形以高原、平原为主，山塬起伏，地势复杂多变。黄河自然旅游资源丰富，有“黄河之水天上来，奔流到海不复回”的中国第二大瀑布壶口瀑布，“天下黄河第一湾”的乾坤湾，黄河龙门、洽川湿地、三河湿地、风陵古渡以及蔚为壮观的“潼关八景”地质地貌景观。陕西省沿黄区域独特的黄河自然景观、丰富的自然旅游资源为旅游业发展奠定了良好基础（图 6－1）。

图 6－1　壶口瀑布

**2. 农业资源优越，凸显特色经济效益**

陕西省属温带大陆性气候，纵跨北亚热带、暖温带、中温带三个气候带，加之中原腹地的地理位置，为其农业经济的发展提供了有利条件。虽然境内的动植物物种较为普通常见，但胜在生物物种丰富多样，特色产业优势突出。目前，陕西省已打造出颇具规模和名气的地方特色经济作物种植带，培育出一批在国内有影响力、在国际上有竞争力的特色农产品品牌，并形成了佳县红枣、陕北小杂粮、清涧粉条、渭北苹果、韩城花椒等区域特色农副产品种植加工产业链，对当地经济发展起着重要支撑作用。

**3. 特色美食繁多，饮食文化底蕴丰厚**

陕西省位于中国腹地，贯连黄河长江两大流域，兼具黄土高原的豪迈与鱼米之乡的温婉，物产资源得天独厚。其膳食饮馔以源远流长的历史文化为底蕴，在三秦人民淳厚民风和品性影响下，中华千百年来的饮食革命和文化变迁在这里得以见证，形成了极富特色的“秦食文化”和异彩纷呈的陕西美食谱系。陕北、关中、陕南三个主要地区的饮食文化构成了如今繁盛的三秦大地的饮食文化，历史上，官方认定的代表性秦食菜谱主要由官府菜、商贾菜、市肆菜、民间菜和清真菜等组成。官府菜以典雅见长，如“竹节腰子”“箸头春”等。商贾菜则以名贵取胜，如“金钱发菜”“佛手鱼翅”等。市肆菜以西安等重镇中心的名楼、名店的肴馔为主，招徕顾客，竞争激烈，如“明四喜”“奶汤锅子鱼”“煨鱿鱼丝”“烩肉三鲜”等。历经明清发展，市井小肆已初具规模。陕西省小吃博采精华，融合各民族珍馐风味，尤以面食为主，如“葫芦头”“羊肉泡馍”“凉皮”“肉夹馍”“柿子饼”等闻名遐迩。借历史上的政治地位与地理优势，秦地饮食文化保存了周、秦、汉、唐等十多个王朝的宫廷遗风，又兼具花样繁多的民间风味，可谓集内外之荟萃，风味独到、别具一格。随着交通和网络的发展，遍布街头小巷的民俗小吃和丰富多彩的各类网红食品也纷纷“出圈”，正逐渐走进大众的视野，充分彰显了“民以食为天”的中国食文化精髓，显示出陕西省美食经久不息的生命活力。

**4. 人文资源丰富，多元文化蓬勃生长**

陕西省人文旅游资源丰富多彩，除了丰厚的自然地理旅游资源，还有众多的历史文化遗迹。陕西省沿黄城镇带的文化旅游资源可以分为历史遗迹遗址、人文历史资源及民族风情资源。代表性的历史遗迹遗址包括“黄河入陕第一城”府州古城、“黄河小蓬莱”佳县香炉寺、西北最大的道教胜地白云山道观、沉睡千年的古县城吴堡古城、“陕北小华山”会峰寨，以及有“鲤鱼跳龙门”之称的禹门古渡等。人文历史资源，如大禹文化、航运文化，还有民俗文化，如带有浓郁地方特色的民俗传统陕北剪纸、安塞腰鼓、壶口斗鼓、宜川刺绣、韩城龙门行鼓、合阳花馍等都是陕西省重要的文化资源。此外，陕西省是中国革命的摇篮、延安精神的发祥地，存留着丰厚的英烈革命斗争遗迹和感人的革命英雄故事以及鲜明的红色文化渊源，赋予陕西省雄厚的红色旅游资源优势。

西安作为西北地区最大的中心城市、全国文化旅游的代表城市，不仅有古老的兵马俑、华清池、大雁塔等文化遗址和文物资源承载千年岁月，而且有大型历史实景舞剧《长恨歌》、4D秦腔交响诗话《梦回长安》等人文艺术作品将5 000年历史驱动成鲜活的文化；不仅有秦腔、长安古乐、户县农民画等一批历久弥新的文化品牌，还有新兴的创意产业，以及会展、影视、演艺、旅游、出版、广告等多门类的现代文化产业体系；既孕育了贾平凹、陈忠实等文学大家，又走出了张艺谋、顾长卫等一批导演大腕。传统、风俗、人文、艺术等各种文化成分在这里凝聚融合，多元文化在这里交流碰撞，创意文化产业在这里蓬勃生长，以其深厚的文化底蕴释放出一股强大的号召力和感染力，激励着中华儿女树立文化自信，不忘初心、开拓创新，将秦文化打造成璀璨闪耀的文化名片（图6-2）。

图 6-2　实景历史舞剧《长恨歌》演出现场

## 二、多重软硬件加持，文化旅游发展如虎添翼

### 1. 制度优势明显，提振文旅市场信心

近年，由于中国提出了文化旅游与旅游融合发展战略，以及乡村振兴、全域旅游和生态文明等概念的普及，国家和省（自治区、直辖市）纷纷出台鼓励和优惠政策，为文化旅游进一步发展提供了制度保障。自2014年国务院批准《晋陕豫黄河金三角区域合作规划》以来，沿黄区域各地各级政府合作领域不断拓展，合作机制不断完善，三省四市在基础设施互联互通，产业分工协同发展，生态环境齐保共治、红色旅游资源开发等方面开始探索区域协同、文旅融合的新模式。2020年7月，陕西、山西两省文化和旅游厅签订战略合作协议，重点在文化旅游合作机制、文化产业发展、旅游产业优质发展、提升文化旅游品牌形象、深化文化旅游人才交流五个方面进行深度合作交流，共结“秦晋之好”。对陕西省而言，沿黄公路修建通车、黄河旅游文化节及中国黄河旅游大会的举办、成立沿黄城市旅游产业联盟、沿黄红色旅游资源的开发等都进一步推动着“黄河旅游带”建设及沿黄地区的协同合作与发展，有助

于形成特色鲜明、优势互补、高效协同的区域发展新格局。同时，为帮助文化旅游业市场主体应对新冠感染疫情冲击，陕西省又从金融、财政等政策层面为文旅企业纾困解难。2022 年 4 月，陕西省出台《陕西省贯彻落实促进服务业领域困难行业恢复发展的若干政策实施方案》，针对服务业、餐饮业、零售业、旅游业、公路水路铁路运输业、民航业制定普惠性纾困扶持措施，通过减免租金、加大普惠金融支持力度，对受疫情影响生产经营困难的文化旅游企业主动提供帮扶，继续实施旅行社暂退旅游服务质量保证金扶持政策，对重点文化旅游市场主体加大信贷投入、切实帮助困难行业恢复发展，渡过难关。陕西省财政厅出台《陕西省财政厅关于落实稳住经济一揽子政策财政措施的通知》，制定扎实稳住经济一揽子政策措施，针对餐饮、零售、旅游等 5 个特困行业和 17 个扩围行业所属困难企业给予租金减免和阶段性费用补贴。针对文旅领域，陕西省政府出台《支持文化和旅游企业发展财税金融政策措施》，提出省级财政专项资金向文旅企业倾斜、加大对文旅企业创新绩效奖补力度、支持发展壮大文化旅游业投资基金、支持文旅企业在多层次资本市场上市挂牌融资、加大对文旅企业的信贷投放、支持开展债券融资，提升融资能力。实现多项一揽子财税金融政策赋能文旅产业发展，在抓好疫情防控的同时保障文化产业发展和丰富文化产品供给，实现危中求机、创新发展，促进陕西省文旅市场安全平稳有序运行。

**2. 文化科技深度融合，数字文化产业加速发展**

伴随着产业数字化发展的浪潮，文化旅游业与数字经济的融合不断深入，数字经济正成为陕西省文旅产业高质量发展的新引擎。凭借丰富的文化资源禀赋，陕西省以传统文化发展为核心、数字文化创意产业为支撑，运用现代科学技术提升文化旅游业的效益，创造性涌现了许多文旅消费新模式和文化新业态。陕西旅游集团落地多项数字文旅产品，“沉浸式”“体验式”等新型文化旅游产品层出不穷。白鹿原影视城落地，全国首个全沉浸梦幻山谷光影秀《夜谭·白鹿原》、全国首个无轨黑暗乘骑项目《公元一万年》、全沉浸解密造梦之城《密城·白鹿原》等，形成深受游客喜爱的数字文旅体验区。360极限飞球项目分别于壶口、延安和白鹿原影视城落地，以强视觉冲击呈现《长安·翱翔》《黄河·翱翔》等数字产品，让陕西省文化深入人心。陕旅集团专注数据化驱动营销，产品、服务和商业模式的创新，打造数字化企业平台和文旅资源池，协同交互、开放创新重构产业格局，为传统旅游产业焕新赋能，打造新的产业增长极。陕旅集团全面布局数字文旅平台研发工作，搭建起覆盖全省的智慧旅游综合网络体系，实现全省百余家A级以上旅游景区基础数据接入，推动了“云游景区”和“线上预约”等方式的发展，在陕西大地掀起了数字化旅游的热潮。旗下云创科技作为智慧旅游平台建设运营方，按照“一网知陕西、一机游三秦”的总体要求，全力推动全省智慧旅游平台建设。在文化和旅游部资源开发司组织开展的2021年智慧旅游典型案例征集活动中，陕西省“渭南市华山景区实名制分时预约实践”和“‘游汉中’平台促进智慧旅游服务升级”两个案例入选，它们能在疫情防控常态化阶段为景区日常运营提供坚实的技术保障，有效提升文化旅游体验，推动智慧旅游服务升级。

**3. “影视＋旅游”造IP，点燃陕西省文旅新引擎**

在影视繁荣的当下，文学影视作品与旅游的跨界结合也成为文旅产业发展的重要课题。陕西省拥有丰富的历史文化底蕴和宝贵的文化遗产，其文化旅游资源本身就具有很强的吸引力。一部《白鹿原》，诉尽关中情。2013年，白鹿原影视城在西安市蓝田县建成并投入运营。该景区以陈忠实笔下《白鹿原》为文化背景依托，融合系列影视作品内元素，被打造成集影视拍摄、观光旅游、节目演艺、美食民俗、休闲度假为一体的综合性主题乐园。在数字化转型和文旅融合背景下，陕旅集团创作出全沉浸梦幻山谷光影秀《夜谭·白鹿原》，使游客能够沉浸式体

验现代化视听技术所带来的震撼与感官冲击，并深入探索基于集体文化记忆的IP衍生产品。该项目极大程度带动了周边以农家乐为代表的餐饮住宿行业发展，助力乡村振兴，成为市民夜间娱乐的新场所，有效推动西安市周边全域旅游高质量发展。此外，随着“长安十二时辰”沉浸式唐风市井生活体验街区等陕西省重大文旅项目的建成运营，文化IP不断赋能文旅产业，为陕西省文旅产业发展开拓出一片蓝海，打造出文旅产业新高地。2019年，电视剧《长安十二时辰》的热播，为西安文化旅游再添一把“火”。2022年5月，以《长安十二时辰》影视IP为核心的沉浸式唐风市井生活体验街区横空出世，引发西安旅游“爆点”。以电视剧《长安十二时辰》影视IP和唐风市井文化为主要内容的“长安十二时辰”项目，涵盖长安小吃、主题文创、特色演艺、场景体验等多种业态，打造了集全唐空间游玩、唐风市井体验、主题沉浸互动、唐乐歌舞演艺、文化社交休闲等于一体的新型文旅主题空间，成为西安市消费体验最亮眼的区域之一（图6-3）。

图6-3　山谷光影秀《夜谭·白鹿原》

当线上作品与线下消费场景连接起来，这种“IP跨界”的文旅融合，为新型旅游产品和旅游方式的创新提供了范例，使得“影视+旅游”的热度持续上涨。深入挖掘影视作品元素，需紧密依托丰富的历史积淀和民俗文化，不断优化景区配套设施与服务，赋予文旅产业更加广阔的发展空间和更加光明的发展前景。努力把影视的短暂拉动效应转化为经典旅游目的地的“长尾效应”，这也是树立陕西省文化旅游新标杆，讲好陕西故事、中国故事的一次创新探索实践。

**4. 场景创享新文旅，产业赋能新消费**

契合新时期文旅市场需求和消费转型的趋势，各类新业态新模式引领新型消费加快发展，推动塑造文化消费新场景、提升文化消费新供给、培育文化消费新热点、引领文化消费新升级，在稳固陕西省文化消费基本盘、促进经济平稳回升方面发挥着重要作用。以云展览、云晚会、云讲座、云演艺等为代表的新型文化业态蓬勃发展，陕西省文化旅游业展现出前所未有的成长潜力。文博馆利用科技手段突破时空限制，让“云端”观展走近越来越多的观众。陕西数字博物馆已完成144家数字博物馆网络虚拟馆、145个专题讲座、900多件文物介绍等数字化项目，使得游客足不出户就可以领略秦文化的宏伟深邃。“云逛街”释放巨大消费潜力，“无人零售”“无人餐厅”“无人酒店”等无人消费场所创新不断，线上会展、游戏、直播等新业态亮点频出。西安市各大主流商场纷纷邀请达人与主播线上直播，带领观众游客“云逛街”，推介优选好物，从而发挥直播电商的强有力带动作用，盘活消费市场，助力西安市实体商业复苏发展。近年，露营经济正逐渐成为陕西文旅产业的新风口与新增长点。据携程发布的《2022五一假期出游报告》显示，2022年“五一”假期，陕西省用户出游整体呈现就近就地的特点，本地游订单占比达40%。露营经济的辐射效应凸显，带动了露营地周边的旅游商家热度。翠华山、白鹿原、棣化古镇等景区推出的“露营+房车”“露营+民宿”“露营+美食”“露营+游玩”等活动，备受广大游客青睐。为深入挖掘夜间消费潜能，持续升级夜间消费场景，陕西出台多项措施支持户外经济和夜间经济恢复发展。西安市政府主办的“长安夜·我的夜”第三届夜游嘉年华活动，推出了“4D沉浸式”光影新体验等多条夜游新线路，推荐包含博物馆、剧院、阅读、商品、文创产品等业态的夜游经济特色文旅消费空间，盘活了夜经济资源，极大地提高了古都西安夜间文旅产品的吸引力，激发了文化旅游夜间消费潜力。以白鹿原影视城、长安唐村·南堡古寨、太阳葡萄小镇等项目为代表的乡村文化旅游景区，使得休闲农业、观光农业、健康农业等产业链条不断延伸，促进了乡村文化繁荣，以文化为引领，以农民为主体，政府引导、多方参与的乡村特色文化产业涌现，实现了乡村文旅资源社会价值和经济价值的有效转化。

**5. 文化活动精彩纷呈，文旅融合新效应凸显**

陕西省加快餐饮住宿、文化旅游等行业发展，使得新型消费市场快速崛起，有力释放了文旅新动能，将形式多样、内容丰富的文艺作品端上广大人民群众的“文化餐桌”，把精彩多元、温暖生动的文化活动送到广大基层群众身边。演艺行业推出更多优秀剧目，大小剧场好戏连台，使得人民群众享受到更高层次的文化艺术，丰富了业余文化生活。话剧《主角》《路遥》，大型现代戏《迟开的玫瑰》、舞剧《门》、儿童剧《遇见星海》《我们是秦俑》《欢乐动物城》等优秀剧目在西安、宝鸡、榆林、安康等地演出，给广大人民群众的文化生活增添新的色彩。各文旅景点也致力于完善产品体系、丰富营销活动、提升服务质量，从而打造特色文旅品牌，给予旅游者多元化、个性化的情感体验。照金红色旅游小镇以北京冬奥会为契机，大力发展大众冰雪旅游。圣地河谷·金延安以演艺、灯光秀、文创、教育、主题雕塑群等产品，合力构建“红色旅游＋”发展模式。韩城史记文化街区推出“民俗韩城＋节目展演＋非遗文化”“潮玩韩城＋文武状元会＋市集展销”等节庆活动。华山景区积极响应陕西省文旅号召，面向全国游客实行免门票政策，推动华山门票订单量环比增长 278%。面对游客日益增长的对回归自然、放松心情、健康养生的强烈心理需求，金丝峡、牛背梁、柞水溶洞、塔云山、木干山、秦岭江山等生态山水型景区集中发力，将“人与自然和谐共生”的理念发挥到极致，成为热门旅游目的地；漫川古镇、金米村等景区也深耕乡村生态旅游，为游客提供休闲娱乐、观光游览、农事体验等参与式民俗文化活动，悠闲恬适的田园生活之旅受到游客热捧。

陕西省举办的线上线下深度融合的系列文旅活动，涵盖演出、展览、非遗、数字文化、主题公园、文化娱乐、游艺、运动健身、节庆展会、文创产品和旅游商品、餐饮住宿、红色旅游、乡村旅游等行业，这些活动展示了陕西省丰富多彩的文化和旅游资源，提升了文旅融合的水平。

**6. 扶持重大文化精品，稳步推进文旅领域重点项目建设**

陕西省积极谋求与金融机构的合作，畅通金融服务渠道，及时解决当前文旅市场主体诉求，加大对文旅企业的融资帮扶力度，激发投资活力。首先，实现重点项目突破。文化和旅游部遴选陕西汉长安城未央宫遗址公园提升及旅游配套服务设施改造、陕西少华山国家森林公园索道增容（南线索道）、羌族文化产业博览园、甘泉大峡谷旅游基础设施建设和陕西省智慧旅游平台建设五个项目进入 2021 年开发性金融支持文化和旅游重点项目。其次，构建精准对接机制。在稳住经济大盘——全省文化旅游行业投融资对接交流会上，国家开发银行陕西省分行、中国银行陕西省分行等 9 家金融机构与陕旅集团、陕文投集团等多家文旅企业开展融资要求对接。通过开展投融资精准对接，联合金融机构创新，推出适用于文化和旅游项目特点的金融产品和服务，推出更多管用实用好用的金融政策工具，共同推动“文旅＋金融”融合发展。陕西省戏曲研究院的秦腔《郝家桥》、陕西广电影视文化产业发展有限公司的电影《守护者》、陕西人民出版社的纪实文学《路遥别传》等 53 个扶持项目、5 个跟踪项目入选 2022 年度陕西省重大文化精品项目，23个项目入选2022年度省委宣传部重点文艺创作资助项目，陕西省图书馆“5G＋文化旅游示范应用场景”项目、“长安十二时辰”、陕甘边革命根据地薛家寨旧址等240个精品项目获得2022年省级旅游发展专项补助。

## 第三节　秦文化与旅游业协同发展存在的问题

不可否认的是陕西省沿黄地区具有旅游资源品位高、存量大，地区文化积淀深厚，交通运输业发展迅速等优点，但在发展中仍然存在着诸多的问题。

### 一、文化旅游产业在空间上发展不均衡，配套相对落后

陕西省的发展一直以来秉承“一体两算”的发展格局，文化产业发展的基本状况也是关中地区较强，陕南、陕北较弱。长期以来，陕西省一些民俗地区以农业为主，工业基础较为薄弱，地区生态环境脆弱，这也造成了地区经济发展滞后和基础设施欠账。旅游公共服务和基础设施条件有限，信息化水平低，旅游环境整治仍需加强，难以提供令人满意的周到服务，严重制约了文旅产业的发展。另外，比较偏远的地区因资金不足和政策法规缺位，导致人才外流，劳动力数量和结构不能满足发展需求，高端创意和复合型管理人才严重不足。同时，区域对科技等创意资本吸引力不强，许多县级区域内缺少发展文化产业的观念，文旅产业发展尚处于初级阶段，娱乐、购物等旅游要素所占比重偏低，对旅游收入的贡献偏弱，产业融合发展的内生动力不足。

### 二、文化旅游产业集群化发展程度偏低

哈佛商学院教授迈克·波特在其著作《国家竞争优势》中提到，产业集群是指特定产业、大量产业联系紧密的企业以及相关的支撑机构在

空间上的聚集并形成强劲、持续竞争优化的现象。产业集群通过在内部成员之间进行分工协作，开展竞争与合作，形成规模效益和竞争优势，并以网络化的结构相互联系；而产业集聚则仅是在空间上的集聚，未能形成这种网络化的关系。文化旅游产业集群的目的同样是通过区域内大量相关单位分工协作，集聚优势以便提高产业竞争力。目前，陕西省文化旅游产业集群化程度相对较低，大多是以产业集聚的形式存在，多数企业存在规模小、层次低的现状。此外，文化旅游发展的主要资金来自政府投入，民营社会资本介入很少，融资渠道单一，导致文旅产业规模总体受限，市场化运作程度低。在一些古城、古镇、古村落内，虽然拥有比较典型的旅游资源，地方政府也开始关注自身资源的优势，但整体规划滞后，缺乏统筹观念，各部门和主体仍旧处于单打独斗状态，未能真正形成合作和规模效应。

## 三、文化产业与旅游产业发展失衡

陕西是一个文化大省，但陕西还未做成文化强省，文化产业的发展仍然存在着开发缓慢、产业链延伸不足等问题。区域内第三产业发展较东南沿海地区明显滞后，市场化程度不高、创新意识薄弱、宣传营销能力较低等问题导致陕西省的文化资源利用率偏低，影响力不足。省内景点内，大众化项目繁多，但品牌特色少，吸引力弱，呈现产品单一化、资源同质化、服务低端化的态势，难以满足国内外旅游市场高质量发展的需求。区域内的文创产业发展起步晚，且过度依赖历史文化背景，资源与产业发展不相称，缺乏文化创新力，导致文旅产业难以通过高价值的文化创意来实现产业价值的提升，民间文化的传承大多停留在固守层面，很难开展一些深层次的创新。地区的文化表征符号较陈旧，缺乏新颖感和创新性，各地以传统宣传模式为主，包装推广手法单一，没有充分利用数字媒体等渠道，对年轻人的吸引力不足。

## 第四节　秦文化促进旅游业高质量发展的路径

文化中蕴含的魅力无穷无尽，只有不停挖掘、不断创新，才能为城市增添生命力和吸引力。当前，秦文化与陕西省旅游业发展面临的困境，则在于需要深挖秦文化的内涵和魅力，打造吸引人群的文化品牌，打好秦文化促进旅游业高质量发展这张牌。

### 一、全面加强黄河流域秦文化旅游资源传承与保护

秦文化作为中华文明的发源地和中国传统文化承载区，其丰富的文化底蕴和旅游资源，为当地文旅融合和高质量发展奠定了基础。因此，要在保护中开发，在开发中保护，促进旅游经济发展和文化保护的良性互动，推动旅游文化产业的可持续发展。

对陕西省沿黄区域文化旅游的发展而言，要对区域内所有旅游资源进行收集、梳理与整合，统一规划，提取最具特色的主题元素，形成特色鲜明的主题旅游产品，避免重复建设和同质化造成的浪费。同时，要将人文历史旅游资源与自然地理旅游资源相融合，从情怀情绪和旅游空间两个维度充分展现黄河之雄浑和文化之壮美，形成鲜明的品牌形象和深刻的认知，充分发挥黄河文化的凝聚力和向心力。

### 二、激发文化和旅游资源新活力，开辟产业发展新赛道

首先，面对各个文化旅游市场主体，一方面及时满足企业合理信贷需求，实施普惠性减税降费政策、金融信贷政策，对困难企业、旅行社和相关从业人员给予适当补贴。另一方面，实施文化旅游消费惠民活动，发布消费季精品活动指南，为消费者提供便捷消费指引，聚力开展文化旅游产品营销活动，激发消费活力，掀起文化旅游消费热潮。

其次，要不断丰富文化旅游业态，加强文旅产业创新。聚焦新兴消费热点，推出精细化、差异化、有品位、有内涵的文化旅游产品，满足游客“衣、食、住、行、购、娱”等多样化需求。一方面促进文化旅游多业态跨界发展，着力推出精品旅游线路、热门主题活动等优质文化旅游产品，拓展自驾游、休闲游、露营基地、房车营地、沉浸式体验文化旅游新模式，满足大众高品质的文化旅游需求。另一方面，大力发展夜间旅游，策划实施一批夜间消费促进活动，发布夜间消费指引及消费地图等。

最后，推进“乡村振兴＋旅游”发展，鼓励各县区、开发区围绕现代都市农业建设田园观光村、民俗风情村、农事体验村、民宿度假村等特色鲜明的乡村旅游示范村，大力发展智慧乡村旅游，依托“5G＋全景直播”等数字文旅产品和项目，通过多样化“云游”产品为游客提供更为丰富的互动体验和智能化服务，让人们感受独特的乡村文化魅力和特色民俗风情，助力乡村经济发展。

## 三、以丝绸之路为契机，推进文化和旅游“点—轴式”合作发展战略

作为古丝绸之路的起点，陕西省在丝绸之路经济带的提出中，迎来了旅游业发展的新机遇。一方面运用“点—轴式”合作发展战略，将该区域有限的社会资源集中到旅游发展条件好的中心城市，由此产生辐射作用，使轴线和点延伸扩展，形成“点—线—面”的空间开发和发展状态。基于此，以丝绸之路陕西段文化遗产为旅游发展“点”，以此为核心，不断加强各个文化遗产的连通，完善交通设施和信息沟通机制，打造出陕南、关中和陕甘边界连动轴，促进沿线地区的发展；联动甘肃、宁夏、青海、新疆四省（自治区），为市场各方搭建交流沟通与合作洽谈的平台，助力构建新文旅发展格局。另一方面，要全面推进丝路经济的发展，通过多国旅游者落地签证、举办丝绸之路文化节、丝绸之路全

球发展推进会、西安丝绸之路国际旅游博览会等相关活动来推进丝绸之路经济发展带的旅游业发展，把陕西打造成“一带一路”国际文化旅游中心，用更丰富的文旅产品、更优质的服务保障来提升华夏之根的国际影响力。

## 四、因地制宜、综合利用，积极推动“文化+旅游”产业链建设

正确把握文化和旅游高质量发展方向，首先要注意通过交通一体化连点成线，促进旅游资源的开发。打通交通瓶颈，促进区域交通一体化，除了有助于大型景区的开发，还可以方便地连接各个地方的小型旅游景点。完善交通基础设施和公共服务配套，形成以机场、铁路、公路景区环线等互通连结的便捷交通网，是形成全域旅游的必由之路。目前，陕西省沿黄公路的开通串联沿线景区，交通便利，客观上激活了沿线小旅游资源单体的潜在市场，有利于旅游资源的整合利用。其次，自然地理资源和景区开发要在加强环境保护的前提下，注重区域联合，同时突出自身特色。坚持完善规划体系，牢固树立“大旅游”观念，加强区域内文旅资源的衔接和协调，将分散的景区景点串成“一条线”，克服各自为战、趋同困境。需要加强宏观管理和组织，对旅游开发、经济建设、品牌塑造、大型文化活动等进行统筹协调和安排。此外，各省、市、县要明确本地在沿黄城镇带中的产业定位和发展路径，健全各地区文化旅游合作机制，尤其是加强重点领域的交流合作，推动各地文化旅游高质量发展。最后，进一步进行沿线旅游资源的主题定位，加强产品设计创新性，开发如地质地貌游、历史古迹游、民俗体验游、生态观光自驾游、研学旅游等高质量、强特色的精品路线。通过主动适应经济由高速增长转变为高质量发展的要求，推动秦文化与旅游资源融合、平台融合、功能融合、技术融合等，坚持质量第一，效益优先，突出传统文化的现代解读、传统资源的现代打造，推动文化和旅游供给侧结构性改

革，加快推动文化资源向旅游产品转化。

以"建链、补链、延链、强链"为目标，坚持以市场经济手段为抓手，在关键环节重点突破，加紧建立现代文化旅游业体系。大力发展主题鲜明、内涵丰富的文化旅游创意产业园，聚焦产业链顶端的大企业、大项目，扶持头部文旅企业，集中力量打造文旅重点产业链，重点发展文化旅游业集群，按照建成一个产业链就是打造一个产业集群的思路，推动文化旅游业由集聚发展向集群发展、向千亿规模提升。努力构建"一核四廊三区"文旅发展新格局，打造关中综合文化产业带、陕北民俗及红色文化产业带、陕南自然风光生态旅游产业带，推动文旅产业链各环节协同发展，提升文旅产业的专业化、标准化水平，充分发挥其辐射带动作用和集群效应，让文化旅游业能够更好地融入全省高质量发展。

## 五、依托"数字化+文旅"，助力文化和旅游产业融合发展

习近平总书记指出，要"充分发挥海量数据和丰富应用场景优势，促进数字技术和实体经济深度融合，赋能传统产业转型升级，催生新产业新业态新模式，不断做强做优做大我国数字经济"。发挥陕西省文旅资源和数字技术优势，借助先进数字技术推动文旅产业发展，利用大数据、云计算、物联网、AR及VR、人工智能等技术赋能，构建沉浸式体验，在有限空间内呈现风格迥异、场景变幻和极具创意的文旅体验环境，丰富线下不同场景的体验和展示方式。完善文化旅游业数字化基础设施建设，做好5G基站、数据中心、云平台、智慧导览系统等建设，夯实发展基础。积极推动智慧旅游景区建设，大力培育文旅融合数字化应用场景。推广智慧导览、虚实交互体验等应用，丰富文化旅游产品体验。建设陕西旅游服务平台，打造陕西智慧文旅资源库，实现数字赋能文化旅游产业，培育数字文化旅游新业态，让更多高品质数字文化旅游产品走进老百姓的日常生活。

## 六、提升文化市场监管效能，增强文化治理能力

要从文化市场、旅游市场、安全生产等方面开展“清浊行动”，持续整治文化旅游市场存在的突出问题。文化市场方面主要加强对脱口秀、相声、电音、说唱、民间合唱团等新型营业性演出活动的监管，加大对校园周边出版物市场的执法检查力度。旅游市场方面要加大监督检查力度，严厉查处各类违法违规、扰乱市场秩序的行为，重点整治保险、养老、食品、保健品、日用品等领域的旅游活动，打击景区沿线及周边“黑车”“黑导”“黑社”等宰客欺客现象，处理通过互联网开展招揽旅游者等旅行社业务的违法违规经营行为。安全生产方面主要围绕新冠感染疫情常态化防控、旅游包车管理、防汛备汛、火灾防控、景区及周边客流控制、演出活动等方面开展安全检查、排查，消除安全隐患。

总之，文化旅游产业的发展迅速，在这股发展浪潮中不进则退，慢进亦退，因此要实现区域产业高速增长和追赶超越的目标，就必须对陕西省文化旅游产业进行深刻的反思，寻找存在的问题和不足，进行有针对性的调整和改进，通过建立有效的管理制度和培养相关产业之间的密切联系，逐步推进文旅产业集群化成长，最终实现区域高质量发展目标。

# 第七章 晋文化与旅游业协同发展研究

黄河文化涂染了浓郁的黄土文化色彩，打上了农耕文化的鲜明印记。地处在黄河流域、黄土高原的山西是中华民族的重要发祥地之一，晋文化是黄河文化的重要组成部分。

通过促进晋文化的传承和发展、推动地方经济的发展、促进晋文化和黄河文化的交流与融合以及推动文化旅游产业的升级和发展等方面的努力，可以实现黄河晋文化旅游业的可持续发展。

## 第一节 “晋文化”与“黄河文化”的关系

黄河文化是中国传统文化中重要的组成部分，而晋文化则是黄河文化的代表之一。晋文化和黄河文化之间存在着密切的联系，它们相互影响、相互渗透，共同构成了中华文化的历史和传承。

### 一、晋文化简述

远古时期，中华民族的祖先集体栖息在黄河以东、太行山以西的丰饶土地上，这使得山西省新石器文化遗址数量位居全国首位。海量的神话传说，诸如愚公移山、精卫填海、炎帝战蚩尤、大禹治水都与山西有着不解之缘。史籍中所记载的“尧都平阳、舜都蒲坂、禹部安邑”均在今山西省境内；后稷教民稼穑于稷山，于是有农业；嫘祖教民养蚕于夏县，于是诞生了蚕桑养殖业和缫丝纺织业。所谓华夏之“夏”与夏县之“夏”互为因果，夏都安邑就在该县境内，故县以“夏”为名。夏县禹王城文化遗址所发掘出来的夏代文物又为传说提供了极好的佐证。山西还是沟通匈奴、鲜卑、突厥、羯、契丹等北方古老民族文化的枢纽，以其丰富的历史文物见证了各民族之间的相互融合和中华民族的形成。山西的这方水土孕育了无数的英雄豪杰，皇帝、宰相、文官、武将、文学家、科学家、名人学士、才子佳人等多得数不胜数；“三山”之一的佛教圣地五台山、“五岳”之一的道教圣地北岳恒山、与孔子的“文庙”相对应的全国最大“武庙”解州关帝庙，充分展示了山西省是佛、道、儒文化的重要交汇地；遍布省内各地的造型奇特、结构精巧的古代建筑，以及对中国近现代金融业影响至深的山西票号均在全国首屈一指，无与伦比。

有人说，十年巨变看深圳，百年沧桑看上海，千年历史看北京，五千年文明看山西。山西在中华民族文明史上所占据的地位及其历史跨度远非区区 5 000 年可以概括，它几乎可以称作是整个地球人类的远祖起源地。过去，国际遗传学界根据中国人类基因组数据，推算出亚洲的人类基因库主要源于非洲起源的现代人，从而普遍认定人类的祖先发端于非洲大陆。然而中国科学院古脊椎动物与古人类研究所的科研人员于 1994 年在山西省运城市垣曲县境内的黄河北岸寨里村的新考古发现则有力质疑了这一论断。山西省发现的“世纪曙猿”被认定为世界上最早的具有高等灵长类动物特征的类人猿，其证实了人类的远祖起源于中国，山西省南部则是包括人类在内的高等灵长类动物的重要发祥地。“曙猿”的意思是“类人猿亚目黎明时的曙光”，是迄今为止发现的最古老的猿，个头比老鼠略大，重约 200 克，距今约 4 500 万年，较此前在北非法尤姆发现的生活年代距今约 3 500 万年的晚始新世高等灵长类动物化石更加古老。这一发现推翻了“人类起源于非洲”的论断，从而把类人猿出现的时间向前推进了 1 000 万年。

总之，无数史实和事实证明，产生于山西这方土地上以“三晋”为名号的地域文化是黄河文化的一部分，是中华民族传统文化的重要内涵，乃中华民族传统文化的精华所在。

## 二、晋文化的内涵与特点

山西晋文化是指以山西省为中心的晋河流域所形成的独具特色的文化现象。作为黄河文化的重要组成部分，晋文化具有深刻的内涵和鲜明的特点。

### （一）晋文化的内涵

#### 1. 农耕文化的基础

晋文化是一种农耕文化，农耕文化在晋文化中占据了重要地位。在晋河流域，人民长期从事农耕生产，形成了以农耕为基础的经济和社会生活。晋文化中的农耕文化，不仅体现了人们对自然资源的利用和开发，而且体现了人们对土地的敬畏和感恩。

#### 2. 崇尚实用的价值观念

晋文化中具有崇尚实用的价值观念。在晋河流域，人们注重实践和经验，不尚空谈，这种实用主义精神影响了当地人民的思想和行为。在晋文化中，实用性被视作最为尊崇的价值观，这种价值观念影响了当地人民的生活方式和思维方式。

#### 3. 开放包容的文化交流

晋文化具有开放包容的特点，善于吸收和融合不同地区的文化元素。在晋河流域，人们与周边地区保持着密切的文化交流，这种交流促进了晋文化的开放和包容，使其不断吸收和融合各种文化元素，形成了独具特色的文化体系。

### （二）晋文化的特点

#### 1. 窑洞民居

晋文化的特点之一是窑洞民居。在晋河流域，人们利用黄土高原的地理环境，挖掘窑洞作为居住场所。窑洞民居具有冬暖夏凉、节省能源、舒适安全等优点，体现了当地人民的智慧和创造力。可以说，作为黄土高原的产物，窑洞是劳动人民的象征。在这里，沉积了古老的黄土地深层文化，人民创造了陕北的窑洞艺术（民间艺术）（图 7-1）。

图 7-1 窑洞营造技艺（陕北窑洞营造技艺）

**2. 社火活动**

社火活动是晋文化中的一种传统民间文化习俗，历史悠久，源远流长。这项活动集民间音乐、舞蹈、戏剧、杂技、武术等多种艺术形式于一体，具有广泛的社会基础和深厚的文化底蕴，体现了晋文化中的民俗风情和人民的生活情趣。

在山西，社火活动的形式和内容各具特色。其中，闹社火是最为常见的一种形式，通过闹社火来祭拜社神，祈求丰收和平安。除了闹社火，还有跑社火、耍社火等不同形式，它们或模拟战争的场面，或展现英勇的姿态，或展示民俗的风情，让观众在欣赏的同时也感受到传统文化的深厚内涵（图 7-2）。

社火活动的表演形式多种多样。其中，鼓乐演奏是社火活动的重要组成部分，锣鼓喧天，形成热烈的氛围。在社火表演中，观众可以看到

图 7-2　山西省忻州市定襄县宏道镇北社西大马社火

地方戏曲的精髓，如晋剧、蒲剧、眉户戏等，它们反映了当地人民的生活情感和审美情趣。同时，杂技和武术表演也让社火活动更加精彩纷呈，展现了当地人民的英勇和智慧。

社火活动的举办通常与当地的传统节日和庆典相结合。在这些节日和庆典中，社火活动成为一项重要的文化活动，为节日增添了浓厚的氛围。观众们从四面八方赶来，聚集在一起，共同欣赏社火表演，感受传统文化的魅力。

总的来说，晋文化中的社火活动是一种融合了多种艺术形式的民间文化习俗，具有深刻的文化内涵和社会意义。它不仅展示了当地人民的审美情趣和生活情感，而且传承了千年的传统文化，成为一项备受关注的文化盛事。

**3. 民间艺术**

晋文化中蕴含了丰富的民间艺术。民间艺术具有独特的艺术风格和地方特色，反映了当地人民的生活情感、信仰观念和审美情趣。它们不仅是艺术精品，而且是黄河文化的重要组成部分。

山西晋文化中的民间艺术丰富多样，其中最具代表性的是剪纸和面塑。剪纸是山西民间艺术的一种形式，它的体裁格式根据各地民俗与实用需要，因物、因事制宜。最常见的剪纸是窗花，它的尺寸根据窗格的形状来定。窗花的内容丰富，包括花鸟鱼虫、戏剧人物、吉祥图案等，寓意着人们对美好生活的向往和对幸福的追求。另一种民间艺术形式是面塑，它在山西有着悠久的历史。面塑根据不同节日和场合有不同的造型和寓意，如春节期间的面塑“枣山”，寓意着“岁岁平安”；婚礼上的面塑“龙凤呈祥”，寓意着新人的幸福美满。面塑作品色彩鲜艳，造型精致，富有强烈的视觉冲击力，是一种极有代表性的地方文化。

除此之外，山西的皮影戏也较为出名。皮影戏起源于宋朝，盛行于清朝，是一种以兽皮或纸板做成人物剪影以表演故事的民间戏剧。皮影戏中的角色形象生动，操作技巧丰富，配以地方特色的音乐和唱腔，让观众感受到独特的艺术魅力。

**4. 地方戏曲**

地方戏曲是晋文化的重要组成部分，具有悠久的历史和丰富的表现形式。这些地方戏曲涵盖了多种剧种，如晋剧、蒲剧、眉户戏等，它们反映了当地人民的生活情感、审美情趣和社会风俗。

晋剧是山西地方戏曲中最具有代表性的剧种之一，其发源于山西中部，已有300多年的历史。晋剧在表演上以唱为主，辅以说白和动作表演，具有独特的艺术特色。晋剧的表演形式丰富多样，包括单出戏、折子戏、本戏等，其内容多以历史故事、民间传说为主，如《长恨歌》《红楼梦》等。晋剧在音乐上采用了山西民歌和民间曲调，其唱腔高亢激越，表演风格质朴自然，刻画了当地人民的生活面貌和情感世界（图7-3）。

蒲剧又称“蒲州梆子”，是山西地方戏曲中的重要剧种之一，源于晋南蒲州，流行于山西省西南部和陕西、河南等省。蒲剧的表演以动作、身段、特技为主，注重表现人物的情感和性格特点，如《火焰驹》

图 7-3　晋剧《双官诰》剧照

《挂画》等剧目。蒲剧的音乐特色为使用了“慷慨激昂”的曲调，唱腔具有高亢、激越的特点，同时配以锣鼓等打击乐器，形成了独特的表演风格。

眉户戏是山西地方戏曲中的另一重要剧种，流行于晋南和关中地区。眉户戏起源于民间的祈祷歌舞，后在发展中吸收了其他戏曲元素，形成了独特的表演风格。眉户戏的表演形式包括独唱、对唱、合唱等，内容多以抒情为主，如《梁山伯与祝英台》《牛郎织女》等。眉户戏的音乐优美动听，采用了民间小调和平原地区的高腔，表现了当地人民的柔情与婉约。

这些山西地方戏曲在长期的发展过程中，积累了大量的剧目和丰富的表演经验。它们以地方语言为基础，通过唱腔、音乐、表演等多种形式，展现了山西地区独特的历史文化、社会生活和人民精神面貌。同时，这些戏曲在传承过程中，不断吸收新的元素，不断创新发展，为山西地方文化的传承和发展作出了重要贡献。

如今，晋文化中的地方戏曲已经成为当地文化生活中的重要组成部分。在节日庆典、文化活动和舞台上，这些戏曲表演吸引了大量的观众。观众们通过欣赏戏曲表演，深入了解了当地的文化传统和历史故事，也感受到了地方戏曲所蕴含的情感与智慧。因此，山西地方戏曲不仅是一种文化艺术形式，更是一种不可替代的文化传承和发展的载体，具有极其重要的价值。

## 三、晋文化与黄河文化的关系

晋文化是黄河文化的重要组成部分，而黄河文化又是中华文化的重要源头之一。地理环境的联系、农耕文明的传承、历史发展的交融以及文化元素的共享，都使得晋文化和黄河文化在文化内涵和特点上具有相似性和关联性。

**1. 地理环境的联系**

山西晋文化所在的晋河流域，是黄河文化的重要区域之一。晋河流域位于黄土高原，是黄河的重要支流之一，具有丰富的水资源和肥沃的土地。这种地理环境为晋文化的发展提供了得天独厚的条件。同时，晋河流域也是黄河流域的一部分，与黄河文化紧密相连。

**2. 农耕文明的传承**

晋文化和黄河文化都体现了农耕文明的特点。在晋河流域和黄河流域，人们长期从事农耕生产，形成了以农耕为基础的经济和社会生活。农耕文明在晋文化和黄河文化中都占据了重要地位，这种传承关系使得晋文化和黄河文化在农耕文化的表现上具有相似性。

**3. 历史发展的交融**

晋文化和黄河文化在历史发展过程中，相互交融、共同发展。黄河流域是中华文明的发源地之一，早期的黄河文化对晋文化的形成和发展产生了重要影响。同时，晋文化在发展过程中，也吸收了周边地区的文化元素，形成了独具特色的文化体系。这种交融关系使得晋文化和黄河文化在文化内涵和特点上具有相似性和关联性。

#### 4. 文化元素的共享

晋文化和黄河文化在文化元素上存在共享的特点。在晋河流域和黄河流域，人们共同创造了丰富多彩的文化遗产，如古建筑、民间艺术、地方戏曲等。这些文化遗产反映了晋文化和黄河文化的共同历史渊源和地域特色。同时，在晋文化和黄河文化的传承和发展过程中，也形成了一些相似的文化元素和价值观念，如公私观念、注重家庭和孝道的价值观念等。

## 第二节　晋文化和旅游业协同发展的现状

文化是旅游的灵魂。尧、舜、禹建都山西，尧是中国的国祖，“中国”之称来自尧，因而山西的晋文化是中国最古老的文化。依靠独特的历史积淀和发展路径，山西省文化要发挥优势，力争与当地旅游业高质量协同发展。

### 一、晋文化发展的历史

晋文化从文化内涵上看，它可以涵盖此前在山西发现的西侯度文化和黄河文化的文化特征，因而它是山西原始文化的典型代表。

古代的晋是以今山西省为中心的地区，这里是中国远古人类祖先最早开发的地区之一，有着悠久的历史文化传统。晋南地区还长期处于黄河流域中原文化圈的中心地带，尧、舜、禹时就跃居为华夏族的政治中心，因而这里的文化长期居于领先地位，是中国传统文化最古老的发祥地之一。

在春秋战国时期，山西曾是赵、魏、韩等国的领土，这些国家的政治、经济和文化都对山西产生了深远的影响。在秦汉时期，山西成为中原王朝的重要边疆地带之一。隋朝时，山西的太原、雁门等地开始设立郡县，进一步巩固了山西作为中原与北方民族交流的前沿地位。唐朝初年，唐太宗李世民将山西定为“天下根本”之地，大力发展农业和经济，使得山西的经济繁荣起来。宋朝以后，随着北方游牧民族的入侵和统治，山西逐渐沦为战乱频繁的地区。然而，山西的文化底蕴深厚，许多文人墨客在这里留下了不朽的诗篇和著作。例如，唐代诗人王之涣曾在《登鹳雀楼》中写道：“白日依山尽，黄河入海流。欲穷千里目，更上一层楼。”这句诗成为中国文学史上的经典名句。此外，宋代大文豪苏东坡也曾多次到访山西，并留下了许多关于山西文化的佳作。明清时期，山西的经济和文化进一步发展壮大。明代著名学者王守仁曾在此地讲学，培养了一大批人才。清朝乾隆年间，山西还出现了著名的晋商群体，他们以经商致富闻名于世，并在全国范围内建立了庞大的商业网络。

近代以来，山西经历了战争和动荡的时期，但同时也迎来了新的机遇和发展。新中国成立后，山西省积极响应国家建设的需要，大力发展工业和交通事业，成为中国重要的能源基地之一。改革开放后，山西省又积极推进改革开放，推动经济发展和社会进步。如今，山西省已经成为中国经济转型升级的重要区域之一，拥有丰富的矿产资源和良好的投资环境。

作为中国传统文化最古老的发祥地之一，山西晋文化的魅力与底蕴，从古至今对中华文明的演进都有着巨大影响，尤其对于当地人们的文化底蕴的养成有着不可忽视的作用。

## 二、晋文化发展的现状

晋文化是黄河文化的重要组成部分，五千年文明看山西。山西省旅游资源非常丰富，宋代以前地面旅游资源占全国的 70%。当前，中共山西省委正在挖掘“五种传统”，塑造“六大形象”，对推动文化与旅游产业的融合发展作出了重要部署。实践证明，山西省在供给侧整体发展中，确已牵住了“牛鼻子”，省委非常明确地提出“把文化旅游产业培养成山西省战略支柱产业”。

回顾山西省的旅游业过去，只注重浅层次的观光旅游，没有唤醒沉睡的文化基因，导致“捧着金饭碗，过着穷生活”。从物质上来说，挖煤富裕了生活；从精神上来说，丢弃丧失了文化，让一个文化大省失去了原有的文化精髓，让人觉得山西五千年文明徒有其表、名不副实。山西省文化和旅游厅和山西文旅集团成立以来，以习近平新时代中国特色社会主义思想为引领，以与时俱进的战略眼光，以胸怀 3 400 万山西人民的发展情怀，以市场化运作，把增强文化自信、持续推进文化山西建设提升到了新的高度。山西省文旅行业率先吹响了全省文旅发展，把旅游业打造为山西省转型发展的支柱产业的集结号，迈出了铿锵有力的发展步伐。为此，特制定了“13366”发展战略（即树立“一个目标”、明确“三个思路”、打造“三个平台”、建设“六大板块”、形成“六大保障体系”），提出了“要把文旅集团打造成山西省文化旅游产业发展的旗舰和国内外文化旅游市场劲旅”的奋斗目标。特别是有关“找寻山西文化记忆”、重塑“山西文化自信”的决心和信心，让人民群众看到了作为新时代晋商的山西文旅集团正在用情怀点亮文化、用胸怀创造未来的使命和担当，正在让山西省文明五千年实至名归，更加坚定山西省文化自觉，增强山西省文化自信。

山西省还在文化历史考据研究领域颇有建树。三晋文化研究会有着 30 年的文化研究经验，成果丰硕。“三晋文化研究丛书”出版 187 种，总印数 31 万余册，字数达 9 211.4 万字。“山西历史文化丛书”共出版 38 辑，430 种，总印数 64 万册，字数达 1 268.8 万字，被山西省委主要领导列为“爱国、爱党、爱山西”教育活动的教材。三晋碑刻汇总集《三晋石刻大全》截至 2017 年年底出版 60 县（市、区）62 卷，尚有 8 县 11 卷正在编辑或印制中，可谓规模庞大。这些珍贵的专著成为“五千年文明史看山西”的最权威、最有力的论证。

在新时代，如何把具有特色的三晋历史文化进一步挖掘，给予旅游事业发展深厚的历史文化底蕴，满足人民群众多样化、多层次、多方面的精神文化需求，推动山西省经济发展，是文化和旅游要共同赶赴的“考试”，解答的“课题”。

## 三、晋文化与旅游业协同发展的现状

旅游是一种以人群互动和流动为表现形式，欣赏文化、领略自然、感受差异的经济形式。旅游业已经成为当今各行业发展中具有竞争力的领域，不仅具有明显的社会效益和经济效益，而且与其他产业的关联度非常高。文化旅游不仅有助于保护和开发各民族各地方的特色文化，丰富和完善旅游产品的内涵及价值，而且有助于促进地区经济结构的转型与发展。文化旅游已成为推动我国旅游产业进一步发展的重要驱动力。因此，要大力发展依托于晋文化的旅游，促进晋文化和旅游业协同发展。

晋文化旅游是以独特的历史三晋文化资源为核心吸引力，文化旅游资源包括历史大院遗址遗迹、建筑、艺术、晋民俗风情、萨满宗教文化等，既包括物质文化和非物质文化，又涵盖历史文化与一定的现代文化，因而晋文化旅游具有民族性、艺术性、神秘性、体验性、互动性等特点。晋中旅游资源较为丰富，境内自然和人文景观星罗棋布，可开发的旅游景点约占山西省的十分之一，已形成世界文化遗产平遥古城、晋商民俗文化旅游区等一批全省旅游精品。

### （一）佛教文化

佛教自汉代传入中国，并在隋唐时期盛行。山西以其悠久的历史文明与佛教相伴。中国著名佛教道场五台山，现今有近百座的寺院建筑留存完好。各座寺院建筑统一，却又风貌各异，非常值得参观。五台山的标志性建筑物“白塔”，坐落于五台山五大禅处之一的塔院寺中，备受关注。中国四大石窟之一的云冈石窟布局严谨统一，被誉为中国佛教艺术的经典杰作（图 7－4）。

图 7－4　云冈石窟

相对应地，佛教文化在丰富旅游商品方面也尽显风采。在五台山，随处可见游客们在拜佛旅游之余竞相请佛，如佛教的木鱼、进香袋、念珠、雕像、佛书佛经等。同时，结合本地的实际，设计出各式各样的五台山风貌的图像和以菩萨（五爷）为主的佛像的纪念品，给经济带来了良好的效益。又如以佛教节日为契机，以佛教新奇与神秘的独特魅力发展旅游餐饮。这要求餐饮业员工对佛教文化知识、文化习俗等有一定的了解，以便在日常工作中有针对性地制定实施管理方案，为信仰佛教的客人提供相应的服务①。

### （二）晋商文化

晋商，兴起于明朝，主要经营票号与盐业，在中国近代经济发展史上令人瞩目。山西在留下了灿烂的商业文化的同时，也留存了 1 000 余处元明清三代建造的民居，典型的代表是晋商大院，其建筑宏伟、匠心独运，如乔家大院、王家大院、曹家大院等。其中，乔家大院是典型的重叠性影视旅游开发模式，即电视剧拍摄地原先就为旅游景点，这样在

① 赵琳洁：《浅谈山西佛教文化的开发与保护》，《太原科技》，2007 年第 11 期，第 77，79 页。

方便为拍摄影视作品提供场地的同时，影片拍摄结束后，游客也可以“按图索骥”，顺利地重游电视剧中拍摄的景象，景区配套设施完善，不用再进行基础设施的开发建设[①]（图 7－5）。

图 7－5　乔家大院文化园区

## （三）民俗文化

山西省丰富的历史文化资源为文化旅游大发展提供了良好的基础，近年随着旅游需求上升，文化旅游业增速明显。作为山西省支柱产业之一，文化旅游业得到了越来越多的重视，不管是资金上还是政策扶持上，山西省均显现出了对文化旅游业发展的大手笔运作。各地通过深入推动文化和旅游融合发展，通过举办丰富多彩的节庆活动，使景区景点更具辐射力，不断提升山西省整体旅游品牌的辨识度、知名度和影响力。其中，在平遥古城，“平遥中国年”活动每年如期举办，已成为山西省文旅深度融合发展的精彩缩影。2022 年“平遥中国年”活动期间，古城策划推出了独具中国北方汉民族特征和平遥地方特色的 20 余项活

① 徐文琪：《影视促进地方文旅产业发展的策略研究——以山西乔家大院成功推广为范例》，《文化学刊》，2022 年第 6 期，第 40－43 页。

动内容，一场场民俗活动在还原传统年味的同时也吸引着众多市民、游客前来参观①。

### （四）饮食文化

山西省地处黄河中游，是世界上最早最大的农业起源中心之一，也是中国面食文化的发祥地。山西面食，从古至今已经历 2 000 多年，历史悠久，源远流长，包括擀、擦、切、搓、压、剔、拨、揪、抿等 20 多种做面技法，1 000 多种面食。目前，抿尖面和猫耳朵制作技艺、太原郭杜林晋式月饼制作技艺等 8 项传统面食制作技艺被列入国家级非遗项目，44 项被列入省级非遗项目。2022 年 12 月 16—31 日，太原市政府发放了首期 230 万元的锦绣太原文化旅游暨非遗面食月惠民券，惠及演出场所、景区乐园、非遗餐饮等类别的 2 200 余家商户，让百姓在非遗消费中获得实惠。截至 2022 年 12 月 26 日，太原市非遗面食月发放的消费券累计投放核销达 91.57%，金额达 215.2 万元，撬动订单金额 671.02 万元，有效地激发了市场活力②。

## 第三节　晋文化与旅游业协同发展存在的问题

晋文化有其独特性，拥有支撑旅游业发展的巨大优势，但是在发展的过程中，出现了一系列问题，这些问题有待解决。

### 一、旅游定位不清

从山西省旅游总体文化包装上要研究全省旅游定位和旅游形象策划：三晋文化的定位概括了山西省主要文化特色，是文旅发展的基础和

---

① 郭志清：《文旅共融，书写山西“诗和远方”新篇章》，《中国文化报》，2022 年 9 月 22 日第 1 版。

② 朱萌、郭志清：《山西多措并举推动非遗面食产业发展 让诗和远方“美味”起来》，《中国文化报》，2023 年 1 月 4 日第 2 版。

核心，但若分散来介绍，则缺乏集体性和融合度，不好形成统一响亮的概念。现在有“五千年文明看山西”的说法，这概括了山西省文化源远流长、博大精深的特色，但因为连带了一千年、三千年的历史概念，导致与周边的河南省、陕西省存在文化溯源上的争议。

此外，山西省也有“北京西花园”的说法，却在名称上仅仅界定为泛首都城市圈的附庸，没有突出山西省文化特色，而且山西省缺乏水资源，树木稀少，而煤炭资源丰富，污染问题严重，“花园”之称有点勉强。但“北京西”是对的，是有新意的，把两者结合一下，各取其长，否其短，是否可以称之为“京西历史文化长廊”或“北京西郊的文化长廊”。北京到太原高速距离约 468 千米，而大同、太原、长治、运城机场开通，交通时长仅仅 1 小时，实际距离很近。山西省现在客源 50% 来自京津冀地区。北京市每年海外游客 300 多万人，如果把北京游客 1/3 拉到山西省，将增加至 100 万游客，增长幅度达到 400%。随着中国经济发展，北京市将成为世界性的中心城市，对于外国游客来说，他们来华的目的更多的是为了目睹中华文化的悠久与灿烂，山西省就成为极富竞争力的目的地，海外游客要靠北京市拉动。北京市与山西省的经济也是具有互补性的，煤、电等产品都进入北京市周围或从天津市转南方、海外。连北京市的用水也部分来自山西省，山西省北部大面积的植树带也是北京市天然的防护林。文化、科技、教育、信息更是主要来自北京市。全面建设社会主义现代化国家语境下，西部大开发与东部现代化战略地位日益凸显，而西部开发与东部发展互为表里、相辅相成。山西曾有人抱怨“不是东不是西，不是东西”，实则是一种彷徨。实际上，中西部的经济发展也可以是资源型开发，需要相互补充，只有向东靠拢才能谋求发展。参与环渤海经济圈的发展不仅对旅游业有利，而且有利于整个山西省经济的发展。

“历史文化”是山西省旅游独一无二的特色，当然山西省也有壮丽恢宏的自然风光，如黄河风光、太行风光，但因各种原因并没有成为旅游开发的主角。将生动的历史文化遗产、名人文化故事融入，才能抓住自然景观推广的命脉。“长廊”——山西是长条地理形状，从南到北是个长条，到处都有历史文化，是个地理长廊，又是一幅文化长卷。“长廊”南从尧舜禹起，晋国遗址、晋商文化、官宅古堡、唐文化、北魏文化、佛教文化各具特色，没有重叠。如果能科学地定位，精心包装，把旗帜打出去，对树立山西省新形象很有利。现在各省（自治区、直辖市）都在征集旅游形象语：山东省是“走进孔子，放舟青岛”，云南省是“七彩云南”“奇山异才，民族风情”，浙江省是“水的故乡”。山西省应尽快研究征集，确定后精准化、大范围推广。

## 二、基础设施不完善

交通运输是旅游产业发展的先行产业。近年，山西省集中财力、物力大抓交通为主的基础设施建设，使省内及省际的航空和干线公路交通有了很大改观。但由于山西是山地高原省份，高山与大河成为与周围省区联动互通的屏障，且山西省正好处于北京市、西安市两大旅游资源高度垄断区域的阴影之间，交通的便捷程度直接影响到来晋游客的流量。然而，道路的交通状况不佳、需要等待的时间过长、城市通往景区的旅游公共交通不完善等矛盾集中突显，决定了山西省必须把交通作为旅游业发展的重中之重。目前，山西省旅游交通仍是旅游产业要素中最薄弱的部分。

从航空方面讲，山西省民航事业发展较为缓慢，目前只有太原一个国际口岸，与国际航空联系唯有香港旅游包机，且时开时停，尚未形成正式航班，通往国内的航空交通总体上是飞机少、机型差、航线与班次不足。从铁路方面讲，晋煤外运对铁路系统的负荷与压力在较长时期内不会改变，而增开旅游专列在短期内难以实现。从公路方面讲，山西省虽基本形成了开放式交通路线体系，但制约文旅发展的问题则在于路面交通网络与重点旅游景区、景点连接不上，“最后一公里”的瓶颈仍难以打破。

简言之，旅游交通和运力短缺是山西省旅游业发展的严重制约。山西省旅游产业虽建立了行、住、食、游、购、娱的产业要素框架，但整体上仍处于初级化状态。如旅游住宿设施是山西省近年发展较快的行业，除太原和五台山一市一景区的饭店住宿设施具有一定的规模和档次，可基本满足市场需求外，全省大部分中心城市和重点旅游景区、景点饭店住宿设施均处于短缺或严重短缺状态。为突破山西省旅行在国际上没有位置的现状，经过资源整合之后，山西省应尽快与北京市、河南省、陕西省联系，研究策划“北京—山西—河南—陕西中国历史文化旅行黄金通道”，成为国家和国际的旅行线路，努力实现以北京市、西安市两头带中间，由国家、国际来宣传山西省。

总之，产业整体的初级化和结构不完整、重点不突出，与发展不均衡是影响山西省旅游产业化水平提高的主要因素。

## 三、创新力不强

一方面，山西省文旅目的地缺乏真正的原创内容，千篇一律，照搬照抄严重，游客体验同质化较为普遍，导致三晋文旅体验的新颖性不强、卖点影响力弱。当今的旅游创新，实际上就是晋文化中晋商文化的再一次觉醒，因而最要避免的就是同质化侵蚀晋文化内核。举个例子，人们出去旅游总会带点小礼物回来，可是大多数旅游纪念品千篇一律，既不精致又不实用，而且不能满足游客多元的文化需求。在创意经济迅速崛起的条件下，旅游业和晋商文化创意产业融合发展的重要性日益凸显。

说到文创产品，不能不提故宫。故宫博物院主打历史“平易近人”“生动有趣”的口号，以天马行空的丰富想象力融合文化与产品，用丰厚的历史赋予创意产品新活力，或精致貌美，令人爱不释手。目前，故宫博物院已研发了 9 170 种文创产品，年销售额突破 10 亿元。将目光投向山西省，基于三家分晋、太原会战等耳熟能详的历史文化事件，旅游文创产品的开发热潮兴起，各级政府、旅游景区、社会各界也高度重视。然而，很多景区花几万元、几十万元甚至上百万元来做文创产品的设计和研发工作，但收效甚微。很多景区为了文创而设计文创，往往是纪念品不像纪念品、宣传品不像宣传品，缺乏文创产品内在的精髓。中国各地区之间的文化差异性较大，但景区设计出来的产品过度雷同，仿造多创新少，未深层次挖掘自家文化根脉，缺少本地的文化灵魂，因而很难激起游客的购买欲望；也有的景区设计的产品只注重了当地区域的具体的一两个文化特色，但没有做到文化内核的探索和延伸，因而浮于表面，无法让游客在不同区域文化景区中寻找到认同感和归属感，所以只驻足观看而不为此买单。文化商品具有文化情感、故事性，游客的购买需求很大程度上取决于产品的代入性，即是否可以引起精神上的共鸣，从而建立游客对商品所承载的文化认同感。但现在很多的景区缺少带有差异文化的体验场景，故事表述不完整，不能引起游客的情感沉浸；也没有很好地以自身资源为依托，将文化旅游资源的显性优势表达出来，游客无法享受到差异化或新奇性的文化体验，互动性、体验性、参与性的缺失，使得游客没有购买文创产品的欲望。另外，创新的成本太高制约了文旅产业的可持续发展。消费新生代的崛起和信息技术突飞猛进，催生了“三商”（投资商、运营商、服务商）文旅产业细分化发展，企业随之面临越来越高的创新成本。新的旅游线路在不断增加，但单条线路的游客数却在下降。如果不在细分领域持续保持创新，就难以适应如今消费需求变化迅速、产品快速迭代的互联网时代特征，必将面临不可逆的损失。

晋文化深远厚重的历史是山西省文旅发展的特色，而晋商文化在其中占据重要地位。晋商，是中国近代史上非常有代表性的群体，这个群体的崛起要追溯到明朝。当时明代的边防中心，设在长城一线，数量庞大的边防军团，自然需要大量的粮草供应。当时政府的运输效率低下，于是官方就鼓励商人代为运输，这给来自山西的商人带来了巨大财富，累积下大量资本，形成了晋商。有人曾说过，晋商“非数十万不称富”，该群体的富裕可见一斑。明朝后期，晋商又把事业重点转向对外贸易，积极与蒙古、后金达成生意往来，也正是因为这种关系，晋商在后来的清朝，顺理成章地成了朝廷御用商人。晋商的崛起，不仅仅依靠和政府的关系，最关键是他们在金融商业领域具有独到的性格天赋和敏锐嗅觉。例如，清代晋商的代表雷履泰就发现了货币兑换的商机。雷履泰经过观察得知有很多生意人常会托人把银子从山西带到北京，于是与人合资，创办了“日升昌”票号。这家票行经营兑换业务，不论款额大小、路途远近，都可以按期兑付，赢得了“信用最佳”的好评。此外，雷履泰还发明出了一套独特的加密体系，用汉字代表数字，密码组合也经常更换，严防泄漏，切实保障了财物的安全。一时间，山西省各地的商人纷纷效仿。山西票号的出现，改变了中国传统的货币流通方式，成为中国近代历史上一次独特的金融创新。

总之，晋文化在新时代迸发活力的意义在于通过文化创意架起一座沟通文化的桥梁、奉上一场文化盛宴，让人们通过文化创意直接触摸到文化。这既是发展文化创意产业的出发点，又是实现山西省文旅融合、产业振兴战略的落脚点。只有解决上述问题，晋文化才能更好地促进旅游业发展。

## 第四节　晋文化促进旅游业高质量发展的路径

进入社会主义现代化建设新阶段，我国社会的主要矛盾已经转化为人民日益增长的美好生活需要和不平衡不充分的发展之间的矛盾。因此，旅游业需要更好地满足人民大众的多元化、精细化、深层次的精神需求。在晋文化厚重的历史背景下，如何使晋文化成为黄河流域旅游发展的突破点、增长点显得尤为重要。

## 一、政府部门进行文旅融合

党的十八大以来，习近平总书记就文化和旅游融合发展发表了一系列重要论述，指出“文化产业和旅游产业密不可分，要坚持以文塑旅、以旅彰文，推动文化和旅游融合发展，让人们在领略自然之美中感悟文化之美、陶冶心灵之美”。旅游集物质消费与精神享受于一体，文化是旅游的灵魂，旅游是文化的载体，二者互为表里、牢不可分。一方面，文化为旅游赋予深刻的内涵，助推旅游产业转型升级。文化既是发展旅游的核心资源，更是旅游的核心价值和基本内涵。通过将特色晋文化植入旅游产品和旅游活动环节，可以实现旅游形式和文化内容统一，能够有效凸显旅游产品特色，提升区域旅游竞争力和吸引力，加快旅游业转型升级。另一方面，旅游也为文化插上了腾飞的翅膀，有助于推动文化繁荣兴盛，形成富民惠民乐民的综合效应。2018 年，文化和旅游部正式挂牌，被群众比喻为“诗和远方终于走在了一起”。文化与旅游融合，既是一场穿越时间的相遇，三晋文化从它的历史源头，簇拥着来到了旅游新时代的最前沿；又是一场穿越空间的相遇，5 000 年的山西文明，与新时代旅游热烈地融合在一起，让新时代山西省文旅事业更繁荣；这更是一场连接新时代的相遇，三晋文化，不仅凝聚了山西省的文脉精神，而且将携手山西文旅集团，相约走向更加美好的未来，相约奔赴更加诗意的远方。

文化和旅游共融共生，不可分割，都是为了满足人民对新时代美好生活的需要和期待。国家机构改革决定组建文化和旅游部，将为文化事业、文化产业和旅游业发展带来重大机遇。在看到新时代新机遇的同时，也要清醒地认识到文旅融合语境下地方文旅产业存在的问题：一是文旅融合广度不够，主要问题是产业链偏短，具体表现为文化创意产品地域色彩不浓，地方特产缺少特色文化元素包装，旅游纪念品市场开发强度不大，缺乏常态化的旅游文娱演艺精品等。二是文旅融合创新不足，整合运行能力有待加强。山西省在文旅融合之路上开辟了良好的开端，如大型实景演艺项目《又见平遥》，展现了跨越时代的人文情怀和文化灵魂，一经亮相就获得了一致好评。山西省的文旅融合必将为景区发展带来新动能和无限潜力，但是目前其文化创意与景区景点的融合创新还处于市场导入期，这是一个艰辛摸索和经验积淀的过程。未来文旅的产业思维应该是一种组合，不仅要有创意，而且需要走整合之路，将区域旅游真正做成聚集各方优质资源的平台（图 7－6）。

图 7－6 大型室内实景体验剧《又见平遥》

## 二、要坚定文化自信

随着现阶段我国社会的主要矛盾转化为人民日益增长的美好生活需要和不平衡不充分的发展之间的矛盾，坚持文旅融合战略是推动文化和旅游高质量发展的必然选择。山西省要向摆脱了经济封闭落后的贵州省学习，深化改革，扩大开放，把文化旅游作为重点发展领域，以跨入GDP增速的前列为目标。随着供给侧结构性改革，配合山西省对外开放，旅游业大力发展，重塑山西省历史文化形象，确已成为当务之急。

文化自信的作用不可替代，这是所有三晋儿女的骨气和底气，而且具有强大的感召力、凝聚力、向心力。只有对本土的文化有坚定的信心，才能获得坚持坚守的从容，鼓起奋发进取的勇气，焕发创新创造的活力。文化自信不仅是山西省转型发展的出发点，而且是为建设文化强省、推动乡村振兴和实现山西省崛起不可或缺的力量源泉。旅游可以丰富文化表现形式，也可以提高人们对优秀文化的认知。近年红色旅游市场火热，受到游客和社会各界的广泛好评，这与旅游的特性有着密切的关系。旅游尤其是文化旅游的现场体验可以使传统文化传播和认知有更强的真实感和贴近性，能够增加人们对文化的接受度和认可度，从而有助于树立文化自信。因此，一定要站在“山西五千年文明史，中国出之于山西”的这个前所未有的高度，坚定山西省文化自觉，彰显山西省文化自信。

## 三、将文化旅游融合精神落到实处

文化是旅游的灵魂，旅游是文化的载体。从文化的角度讲，发展文化产业必须与旅游相结合；从旅游产业来说，旅游行为本身就是一种文化活动。从双方辩证关系来看，文化软实力以及传统文化，如果不被当代人所了解和欣赏，是无法传承下去的；反之，文化的输出和传播也需要旅游这个重要途径才能彰显其独特魅力，这就要求必须要把党中央关于文化和旅游融合发展的各项决策部署落到实处。从丽江、桂林等地“印象”系列实景演出项目，到山西的《又见平遥》《又见五台山》，文化与旅游高层次融合，很好地满足了游客对传统文化的深切期待。值得注意的是，文化有文化的逻辑，旅游有旅游的规律。文化和旅游既不是并列关系，又不是上下关系，而是共融共生的一体。文化和旅游的融合大有学问，不是拍脑袋、想当然就能做好的，也不是盲目加大投资就能实现的。只有深入推进文化与旅游的深度融合，才能让游客主动参与到传统文化中来，才能不断为创建全域旅游注入新活力。

要将挖掘历史文化与提高旅游品质深度融合。山西有着 5 000 年历史文明，具有独特的优势。但需要强调的是，虽然旅游经济重在游、重在景、重在美，但这并不是推广山山水水这么简单，关键还是在于突出地方历史与文化。如果文化和旅游是“两张皮”，各说各的，各做各的，将永远无法企及物质富裕和精神富有的平衡点，也找不到历史文化和现代人之间的思想精神层面的情感共鸣。因此，要在提升山西省文化旅游品质上来“一场革命”，要深入挖掘历史文化、地域特色文化、民族民俗文化等，不断增强旅游产品的文化含金量，带动和发掘地方的文化资源，更大程度地展示山西省的风土人情、地域文化和地方特色。

将晋文化与黄河旅游真正融合到一起，推动山西省文化旅游产业纵深发展，以更加自信的心态、更加坚定的步伐在新时代文旅舞台上踏歌而行，努力让创新求变的思想促进古老的三晋文化焕发出蓬勃活力。

# 第八章

# 中原文化和旅游业协同发展研究

中原地区是中国文化的发源地之一，拥有许多历史古迹和文化景观，具有悠久的历史和深厚的文化底蕴。作为中华民族传统文化的重要组成部分，中原文化具有深厚的历史底蕴和独特的文化特色。

通过促进中原文化与旅游业的协同发展，可以将这些文化资源融入旅游产品中，打造独具特色的旅游品牌，提升旅游品质；同时也可以加强对中原文化的保护和传承，激发文化创新创造活力，促进文化的传承和发展。

## 第一节　“中原文化”与“黄河文化”的关系

中原地区位于黄河中下游之交，是中华文明的发源地之一。这里有着丰富的人文景观和自然景观，如河南的龙门石窟、白马寺、嵩山少林寺等，都是中原文化的代表。中原地带在华夏历史的演变中是政治、经济、文化的重心之一，儒家文化、道家文化、墨家文化等都起源于此，形成了独具特色的中原文化。

黄河文化是中国传统文化的重要载体和象征。黄河是中华民族的母亲河，黄河流域是中华文明的摇篮。在几千年的历史长河中，黄河流域孕育了中国古代的农业文明、工业文明、商业文明等，也孕育了中华民族独特的思想和信仰。黄河文化博大精深，其中中原文化是黄河文化的重要核心部分，是中华民族的主根、主脉和主心。可以说，中原文化和黄河文化是相互交织、密不可分的。

## 一、中原文化的内涵

中原文化博大精深，源远流长。从表层看，它是一种地域文化；从深层看，它又不是一般的地域文化，而是中华民族传统文化的根源和主干，在中华文化发展史上占有突出地位。中原文化璀璨瑰丽，其中体现在河南的部分更为突出。

中原文化源远流长，它的形成及发展是一个极其漫长的历史过程，并且在发展的过程中，吸取周边文化精髓，形成了丰富多样、独具特色的文化内容。在中原文化发展过程中，由于人类迁徙、战争、经济交流等活动因素的频繁影响，导致了中原文化不断与异地文化交流融合，从而形成了相对不甚明显的文化特征。但作为中华民族传统文化的根源和主干，它的历史特征又是不可磨灭的。

中原文化是黄河中下游地区的物质文化和精神文化的总称，是中华文化的母体和主干。中原文化以河南为核心，以广大的黄河中下游地区为腹地，逐层向外辐射，影响延及海外。中原地区是中华文明的摇篮，中原文化是中华文化的重要源头和核心组成部分。中原地区在古代不仅是中国的政治经济中心，而且是主流文化和主导文化的发源地。中国历史上先后有20多个朝代定都于中原地区，中国八大古都的一半，包括洛阳、开封、安阳和郑州均在中原地区。中原地区以其特殊的地理环境、历史地位和人文精神，使中原文化在漫长的中国历史中长期居于正统主流地位，中原文化一定程度上代表着中国传统文化。

中原文化具有根源性、原创性、包容性、开放性和基础性的特点，中原文化在整个中华文明体系中具有发端和母体的地位。中原文化对构建整个中华文明体系发挥了开创性的作用。无论是元典思想和政治制度的建构，还是汉文字和商业文明的缔造，乃至重大科技的发明与中医药的重大发现，都烙下了中原文化的印记。

中原文化在中华文化系统中处于主体、主干的地位。中原文化在与其他文化不断地融合交流中，自身的外延也在不断扩大，并由此推动了中华文化的形成。中原文化的核心思想，如“大同”“和合”，都成为中华文化的核心思想；中原文化的核心价值观，如礼义廉耻、仁爱忠信，都成为中华民族的核心价值观。河南是华夏文明的重要发祥地之一，拥有以黄河文化为代表的众多文化资源。习近平总书记强调，“九曲黄河，奔腾向前，以百折不挠的磅礴气势塑造了中华民族自强不息的民族品格，是中华民族坚定文化自信的重要根基”。

## 二、黄河文化与中原文化的关系

曾任河南省委书记的徐光春说：“一部河南史就是半部中国史。”这为解读和发展河南省提供了新思路：从历史中走向未来是深入了解河南和发展河南的重要视角。从中华文明发源地和文化发展的角度来说，河南具有独一无二的地位，是历史长河中极为复杂的篇章。

关于中原文化与中华文化的关系，可概括为：随着华夏文化从被界定的源地——黄河中游，向四周扩展，在秦汉以后，中华文化圈这一概念开始逐渐明晰、定型，中原文化的概念也逐渐在中华文化大框架内被界定出来。中原文化向北、向西扩展，后再经元朝、清朝两个少数民族所建的王朝，使它们进一步被纳入中华文化圈当中。因此，中原文化在中国文化的地位得到了充分肯定，河南在文化宣传上也强调了其作为中华文化的发源地以及华夏文明的源头的重要性，从而确定了中原文化在整个中华文化中的正统性和根源性。所以，从该方面来说，中原文化与黄河文化同为中华文化的重要组成部分，是毋庸置疑的观点。

同时，华夏文化（秦汉以后，中华文化被界定）被界定的发源地是黄河中游今河南省境内。所以从这个角度来说，黄河文化在中华文化中的地位可见一斑。杜学霞在《中原文化与黄河文化、黄河文明的关系阐释》一文中提出，黄河文化是黄河流域文化的总称，中原文化既是黄河中下游河南段的文化，又是黄河文化的最高体现和集中代表。李庚香在《勇担保护传承弘扬黄河文化中原文化的历史责任》一文中认为，由于河南地区“伸手一摸就是春秋文化，两脚一踩就是秦砖汉瓦”的缘故，从历史文化资源的角度展示了中原文化在黄河文化、黄河文明中举足轻重的地位。张新斌也在《打造黄河文化主地标的构想与思路》一文中提出，打造黄河文化主地标，应在河洛交汇处，即河南省境内进行选址。从以上分析可以看出，中原地区历史悠久，在中华民族五千年的文明史中，有四千年以中原地区为核心，黄帝主盟中原、夏禹建都阳城、八大古都中原占据其四（郑州、安阳、洛阳、开封），同时还诞生了四大发明和《诗经》《老子》《史记》等经典著作。那么，我们便需要进一步理解中原文化与黄河文化之间的内在联系。从古至今，人类总是逐水而居，河流便成了很早的人类聚居之地，通过人们社会交往和信息交流的不断深化，孕育出了各种各样的文化和文明。华夏文明的发源地带被界定为黄河中游，即今河南省境内，由此向外扩展才是广义上的中原，是与华夏文明发源地直接毗连的地带。

所以，给中原文化下的定义是，主要指以中原为地域依托，渊源于历史上人与自然及其人与人之间对象性关系而形成的特定的生活结构体系，即中原大地上形成的物质文化、制度文化、思想观念、生活方式的总称。

黄河文化则主要指在历史发展的长河中融会黄河支流上多民族的地方文化，逐渐凝结成浩瀚渊深的一种流域文化。因此，若按流域文化划分中原文化则属于黄河文化的一部分。

然而，任何一个民族或文化在成长发展过程中，都不是完全封闭独立成长的，而是一个开放、吸收、传播、融合的过程，是同周边文化不断交流、互相影响，彼此融合，才能不断发展壮大的。所以，我们认为，若按照地域文化划分，基于黄河与中原的惺惺相惜的关系，发生在河南的“黄河故事”以及产生于河南这片土地上的黄河文化也可看作是中原文化中的一部分。因此，在中华文化这个大框架内，基于中原文化的根源性和世界性以及黄河文化在中华文明中的重要地位，中原文化与黄河文化之间则应是一种互相依存、彼此兼容的关系，进而在彼此融合中解读中华文化，以及解读和发展河南。

## 第二节　中原文化和旅游业协同发展的现状

中原文化历史悠久，中原地区拥有丰富的文化遗产、自然景观和历史古迹，旅游资源丰富，发展文化旅游有着得天独厚的条件。

通过文旅融合，可以将这些文化资源融入旅游产品中，打造独具特色的旅游品牌，提升旅游品质和旅游体验。可以将这些资源转化为经济优势，推动当地经济发展。同时也能够加强对中原文化的保护和传承，激发文化创新创造活力，促进文化的传承和发展。

中原地区要克服文化旅游发展中的不足，抓住历史时机，发挥资源优势，加快文化旅游协同发展。

### 一、中原文化的优势

中原文化具备区位优势。河南地处黄河中下游，是我国第二阶梯和第三阶梯的过渡地带。因为大部分地区在黄河以南，故名河南。2 000多年前，是中国九州中的豫州，故简称为“豫”，且有“中原”“中州”之称。得天独厚的地理条件、四通八达的交通、悠久灿烂的历史文化、快速发展的经济，都使河南成为中部重要的省份之一。河南东邻经济大省、旅游强省山东，西与陕西、山西接壤，南与“鱼米之乡”湖北交界，北傍河北与祖国首都相望，背靠中西部地区，面向经济活跃的东南沿海。河南省是我国重要的交通枢纽，具有得天独厚的交通优势。国家铁路干线陇海线、京九线、京广线、宁西线等在境内交会，漯阜、汤台等地方铁路在省内纵横交错，欧亚大陆桥横穿全省。另外，国家主航道的淮河、沙颍河以及省航道的唐白河等水系与华东水网连为一体，通江达海。加上新郑机场、洛阳机场等，就形成了一个以省会郑州市为中心，辐射全国和世界主要城市，服务功能较为齐全的多维立体交通网，为中原历史文化及旅游经济的崛起提供了良好的硬件设施。

中原文化具备地位优势。河南省主要处于中原地区，拥有丰富的文化底蕴。中原历史文化在整个中华文明体系中具有发端和母体的地位。无论是口头相传的史前文明，还是有文字记载以来的文明肇造，都充分体现了这一点。从“盘古开天”“女娲造人”“三皇五帝”“河图洛书”等神话传说，到对早期的裴李岗文化、仰韶文化、龙山文化和二里头文化的考古发掘，河南省有大量遗址遗物。夏、商、周三代，被视为中华文明的根源，同样发端于河南。作为东方文明轴心时代标志的儒、道、墨、法等诸子思想，也正是在研究总结三代文明的基础上而生成于河南的。由此可见，中原丰富的历史文化资源，对于当地旅游产业的发展能够提供很大支持，并且中原文化是黄河中下游地区的物质文化和精神文化的总称，以河南为核心，是中华民族和华夏文明的重要发祥地。中原地区在古代不仅是中国的政治经济中心，也是主流文化和主导文化的发源地，在漫长的中国历史中长期居于正统主流地位，中原文化一定程度上代表着中国传统文化。中原文化本身长期居于正统主流地位，多个王朝在此定都，因此河南省有着大量的文化资源和旅游资源。其中文化与旅游的关系尤为紧密甚至很多承载着中原文化内核的文物与建筑就是旅游项目之一。中原文化数千年从未中断，从早期的裴李岗文化、仰韶文化到龙山文化、二里头文化、二里岗文化、殷墟文化等，有完整的发展链条；与中原文化有关的旅游地众多，如白马寺佛教文化、少林寺禅宗文化、老子道教哲学文化等。据相关数据，在河南 4 万多个旅游单体资源中，人文类占比为 63%。截至目前，河南有 5 处世界文化遗产，15

个国家 AAAAA 级旅游景区。

中原文化具备背景优势。在历史的长河中，河南常处于全国政治、经济、文化的中心地域。悠久的历史给河南留下了大量宝贵的历史文化遗产，中华第一笛、第一龙、第一剑都出于河南。由于河南地处中国南北方自然过渡带，横跨黄、淮、海、江四大水系，伏牛山雄伟壮观、太行山巍峨挺拔、大别山风景秀丽、嵩山气势磅礴。另外，黄河小浪底、林州红旗渠、黄河湿地、丹江渠首、西峡恐龙蛋化石群等都有着巨大的旅游价值。无论从数量上还是质量上都昭示着河南旅游大省的地位，为河南省开展丰富多彩的特色旅游提供了强有力的保障。

## 二、中原文化发展的现状

2019 年 9 月 18 日，习近平总书记在河南主持召开黄河流域生态保护和高质量发展座谈会上指出，保护、传承、弘扬黄河文化。中原文化是黄河文化的重要核心部分，是中华民族的主根、主脉和主心。因此，为了有效地转化中原文化，并大力弘扬黄河文化，应该采取文旅文创融合战略，进一步推动文化产业的发展壮大。

中原文化近些年不断发展。河南正从“文化资源大省”向“文化强省”转型，华夏历史文明传承创新区建设取得显著成效。在“一带一路”建设的机遇下，加快中原文化传承与创新需要科学谋划、优化配置，持续推动河南省与沿线地区全方位、多领域、立体化交流与合作。河南省为宣传中原文化精心编排了一系列丰富多彩的文化节目。从《梨园春》对传统戏曲文化、《武林风》对中华武术文化、《汉字英雄》《成语英雄》对汉语言文化的传承，再到《唐宫夜宴》《洛神水赋》为代表的春节、元宵、清明、端午特别节目策划对中国传统节日文化内涵的弘扬，在探索和实践过程中河南广播电视台成为以河南省地域文化和中国文化为支撑的独特发展风格，并得到社会广泛认可。河南省丰富的文化底蕴成为了吸引各地游客前来旅游、品味文化的独特魅力，因地制宜，文旅结合，让各地游客体味河南文化，了解河南的风土人情，进而带动旅游经济发展。

如中原国际文化旅游产业博览会由河南省文化和旅游厅、洛阳市政府共同主办，已成功举办六届。2023 年的第六届博览会秉持“颠覆性创意、沉浸式体验、年轻化消费、移动端传播”新文旅理念，以“新文旅·新体验·新消费”为主题，突出城市文旅、乡村旅居“两大板块”，策划推出汉服时尚设计周、“古都夜八点畅游洛阳城”文旅促消费活动等丰富多彩的文旅活动，让游客在洛阳沉浸体验汉服国潮之美，深度领略古都恢宏气象，更好感受乡村旅居生活方式，加快了“行走河南·读懂中国”文旅的品牌塑造。

## 三、中原文化与旅游业协同发展

知名经济学家于光远说：“旅游是带有很强的文化性的经济事业，也是带有很强的经济性的文化事业。”可见，旅游的灵魂是文化，旅游产品的文化内涵在某种程度上决定了它的品位和档次。所以，人们越来越重视厚重的文化资源对旅游经济发展所起到的决定性作用。河南省地处中原腹地，是中华文明的发祥地，其文物遗产、历史文化名城、重点文物保护单位的数量都居全国第一。中原文化又是中华文化的缩影。中原文化旅游资源种类丰富，历史悠久，发展前景十分广阔。

文化与旅游之间有着密切的联系。文化旅游以文化的碰撞与互动为过程，以文化的相互融合为结果。文化旅游的过程就是旅游者对旅游资源文化内涵进行体验的过程，实现民心相通的过程，就是文化碰撞旅游的接触和感染。河南省积极传承和弘扬丝绸之路友好合作精神，加强文化国际交流。尤其以特色文化旅游为载体，促进了沿线国家的人文交流，增进了民心相通。中原文化源远流长，中原地区的旅游资源极为丰富，如今，诸如洛阳的龙门石窟、安阳的殷墟遗址等都已经成功申请成为全球文化遗产，为当地旅游业的创新、发展提供了依托。因此，河南省各地必须充分意识到中原特色文化的魅力与潜力，充分挖掘之，促进旅游与中原特色文化的有机融合，推动建立旅游强省，以旅游带动整个产业经济的发展。

中原文化与旅游业相互交融。中原文化本身长期居于正统主流地位，多个王朝定都于此，因此河南省有着大量的文化资源和旅游资源。其文化与旅游也有着非常高的联系，甚至很多承载着中原文化内核的文物与建筑就是旅游项目之一。

总之，要想把旅游业发展好，必须要把旅游、文化进行有机的结合，形成文化促旅游、旅游促文化，由文化搭台、旅游经济来唱戏的良好局面，从而推动旅游业的繁荣，提升旅游业的竞争力。

## 第三节　中原文化与旅游业协同发展存在的问题

中原文化的独特性赋予了其在支持旅游业发展方面的巨大潜力，然而在其发展的道路上，我们必须正视并亟待解决当前存在的一系列问题。

### 一、中原文化的创新力不强

创意是核心竞争力，是一切兼具新颖、创造力的各种思路、想法。中原文化开发创意人才匮乏，并缺少创新创意的空间环境和政策环境，难以孵化文化旅游创新业态和新模式，更加无法有效地融入国内外的文化旅游创新产业链之中。塑造“行走河南·读懂中国”品牌体系，普遍存在“有说头、缺看头，有资源、缺转化，有建筑、缺场景，有形态、缺业态”的问题，工作效果有待提升等。文化旅游资源的开发具有其独特性，它需要一批既懂文化又懂旅游和市场的具有高超经营管理才能的复合型人才来推动文化和旅游产业的融合发展。但是，目前河南省旅游产业界和文化产业界缺少这样的高素质人才，更缺少高素质的经营管理团队。要从战略和全局的高度出发，深化文化体制机制改革创新，认真总结河南省与英国、卢森堡等地多层次经济文化交流的实践经验，加快制定河南省与沿线地区政府间文化传承与创新中长期战略规划，并把推动中原文化传承与创新作为河南省推进“一带一路”建设的重要举措。此外，积极借力中国与上合组织、东盟“10＋1”、中阿合作论坛等现有文化交流机制和平台，以构建华夏历史文明传承创新区为载体，积极谋划将中原文化传承与创新纳入“一带一路”人文合作发展规划，打造深度融入“一带一路”建设的全国文化高地。

中原地区旅游业人才缺乏，从业人员也需要提升创新意识。随着对外开放的进一步深入和经济快速发展，出入境旅游发展迅速，涉外服务增多，高素质的涉外服务管理人员也出现了严重短缺。并且，由于现代旅游业由原来的以市场为导向逐步转为以游客需求为导向，因此现有从业人员也需要进一步转变服务理念，做到以人为本，提高服务质量。

中原文化宣传手段的创新力度不足。在互联网时代，中原文化没有大量地使用网络宣传手段。中原文化要围绕“中原文化传承与创新”主题，大力弘扬兼容并蓄、革故鼎新的中原文化，增强文化自信。在继承发扬愚公移山精神、焦裕禄精神和红旗渠精神的基础上，统筹中原文化资源，发挥科技创新驱动中原文化产业发展的先导优势，实现中原文化产业资源要素禀赋聚集、融合、辐射及带动，加快打造一批具有中原特质、体现时代精神、凸显创新创意的书籍、影视、动漫作品。积极筹划与沿线地区联合举办以文化论坛、展览、演出等活动为载体的“中原文化艺术节”活动，并利用微博、微信等新媒体渠道，创新传播中原文化宣传方式，提升中原文化的国际品牌影响力。

## 二、品牌运作机制不够完善

河南省在打造文化品牌中，通常采取党委和政府主导、财政资金投入、体制内运作的方式，导致参与度、知晓率、影响力有限，缺少省级层面的文化旅游投资运营集团，这使得河南省难以吸引到战略投资方和知名品牌进驻。高成长型文化旅游企业偏少，本土企业“走出去”动力不足，多停留在“圈山圈水圈门票”的初级阶段。未能更好地利用网络扩大知名度，形成品牌效应，提高其产品附加值。河南省各地应当切实转变思想观念，拓宽国内国际视野，整合国内国际资源，采取市场化、专业化、规范化的运作模式，实现党委、政府的宏观指导与职业团队、专业公司运作的有机结合，发挥好社会企业和市场的作用，激发出文化品牌的内生动力。目前，河南省文化旅游对外宣传营销较为薄弱，其文化旅游主题杂乱，现在还没有打造出河南省旅游的主题形象，核心竞争力不够强，影响力较弱；并且由于宣传促销的投入偏少，缺乏科学合理的营销方法，致使同级别的旅游产品与北京故宫、云南丽江、广西桂林相比认知程度较低；一些具有深厚文化底蕴的旅游产品，诸如武陟嘉应观、淮阳太昊陵等景点知名度不高，很多外国游客只知道少林寺、甲骨文，却不知郑州、安阳，更不知河南。

此外，河南省旅游整合营销较差，没有形成联动机制，比如洛阳、开封、安阳、郑州是全国著名的四大古都，却没有形成合力共同去宣传河南省的古都文化，扩大河南省古都文化的影响力。对外也没有构建起立体式的营销网络，不能做到多形式、全方位地推介河南省文化旅游产品。发展旅游文化产业不仅要有具有影响的旅游精品，而且要善于宣传推广，开发和培育旅游市场，搞好旅游促销。

## 三、未能与时代接轨

中原文化与旅游业发展思想观念滞后。受传统思想文化影响，难以跳出历史文化“资源陷阱”，在文化旅游融合方面观念尚显保守，先行先试意识不强，缺少前瞻性谋划。中原地区对文化和旅游融合发展规律的把握还不够深入，实施起来还缺乏有效载体和抓手；且未能与时代共同进步，未能与现代科技更好地结合，缺乏一些与当代的趣味性的融合。

中原文化与旅游业发展过程中市场定位未能与时代接轨。中原城市群区域文化旅游的市场定位应是年轻化、高学历、对旅游项目和产品的文化内涵需求度高的潜在客户群。因此，在开发和宣传区域文化旅游时应着重考虑旅游者的年龄结构、兴趣与收入，以具有丰富文化内涵和较强互动性的旅游项目吸引游客，以多姿多彩的民俗文化活动和特色创意文化产品及旅游纪念品延伸旅游产业链。根据游客多为工薪阶层和青年人的市场对象，制订出亲民性较强的价格。但也要考虑不同层次旅游者的需求，除了大力开发面向一般收入人群的旅游项目和创意产品外，也应适度开发一些高档次的度假、休闲娱乐和商务会谈等旅游项目。

其经营模式没有跟上时代。现代旅游业经营模式也要跟上时代步伐，可以鼓励旅游企业和互联网企业通过市场整合的方式，互补发展，构建线上和线下、品牌和投资相结合的发展模式。推动省、市、县纵向一体化和景区、酒店、旅行社横向互联互通的智慧旅游系统，加强信息技术在旅游管理领域的应用，推进景区景点、宾馆饭店、重点场所视频信息采集和数据分析等工作，提高信息化服务和管理能力，运用大数据时代的科技手段，有针对性地分析符合新一代旅游消费人群需求的有中原文化特色的旅游产品。旅游业发展需要跟上时代，要具有地域特色和区域差异性。虽然河南省文化旅游资源丰富、景点景区数量较多，但表现手法大同小异，难以适应不同层次游客的需要。各地文化和旅游部门对游客到河南省的旅游动机、需求很少予以研究和关注，对如何利用价格策略更广泛地招揽游客，如何利用河南省丰富的文化旅游资源不断推出受游人喜爱的文化旅游产品，以及很好地进行营销组合、加大市场范围和增加市场销售份额等方面缺乏探讨，致使河南省中原文化旅游知名度低，许多地方都只靠旅游景点招揽游客，旅游景区综合开发力度低，缺乏中原地域特色和区域差异性。

中原文化与旅游业协同发展存在着需要被解决的问题，因此，河南省各地必须充分意识到中原特色文化的魅力与潜力，充分挖掘之，促进旅游与中原特色文化的有机融合，充分发挥中原文化对旅游高质量发展的促进作用。中原地区要以问题为切入点，不断解决存在的问题，文化才能为当地旅游业的发展贡献更大的力量。

## 第四节　中原文化促进旅游业高质量发展的路径

针对丰富多彩的中原文化，对旅游业发展进行深层次的分类，可以分为三大类，分别为中原文化溯源之旅——古都探寻、大河风光体验之旅——山川大观以及治黄水利水工研学之旅——水利水工。

### 一、中原文化溯源之旅——古都探寻

此条路线依托于河南各朝古都，历史的记载与考古之中证明了黄河流域中原地区很早就出现了人类活动的痕迹，人们依水而居，在这里繁衍生息。各朝天子定都河南，给河南带来丰富的文化遗址，也正是依托于这些文化和遗址，中原文化的旅游业的发展很大程度上来自于这些历史留下来的古都。

在中国历史与河南历史上举足轻重的仰韶文化中，中期的庙底沟文化当属古中国文化圈中较为强势的文化。它的分布与发展不仅遍布整个黄河中游地区，而且不断地影响着黄河下游的大汶口文化、长江中游地区的大溪文化和西辽河流域的红山文化；庙底沟文化的影响，范围差不多遍及半个中国，是任何中国史前文化所不及的。庙底沟彩陶是其文化发展的标志性器物，在它传播的过程中，携带着中原地区的文化传统，将广大区域居民的精神聚集到了一起，标志着华夏历史上的一次文化大融合，是一个伟大文明的酝酿与准备。

河南制陶业高度发达，金属冶炼逐步萌芽，原始宗教、建筑、纺织、绘画、陶塑、天文、数学、音乐、契刻文字得以开创，黄河流域迎

来了文明曙光。夏商周时期，国家机构、礼乐制度规范，文字成熟，青铜文化闻名中外，中国最早的诗歌总集《诗经》和哲理丰富的《易经》等不朽之作诞生。位于黄河流经的河南地区的八大古都，包括郑州、安阳、洛阳、开封，全面展示了中华辉煌的黄河文化和先进的新时代旅游业成果。

5 000 多年的文化发展历史让河南的中原文化孕育出了多朝古都以及繁荣的文化产业和产品，给后世留下了丰富的文化遗产。依托中原文化所诞生的多朝古都文化遗址，作为前朝古都的各个城市都不断地挖掘着当地的中原文化留存的遗址，进行保护和维修翻新。古都探寻的旅游业发展比较完备，近年来河南卫视也依托这些文化以及遗址进行宣传与发展。比较成熟的包括依托龙门石窟、白马寺、洛阳博物馆、洛邑古城、隋唐洛阳城定鼎门遗址、新安函谷关遗址发展旅游业的洛阳；依托汉魏许都故城遗址、阳翟古城、射鹿台遗址、许昌关圣殿发展旅游业的许昌；依托仰韶村遗址、虢国博物馆而发展旅游业的三门峡；依托殷墟遗址、安阳城遗址、中国文字博物馆、灵泉寺石窟发展旅游业的安阳，以及依托黄河博物馆、商城遗址、河南省博物院、巩义双槐树遗址、巩义宋陵、大河村遗址发展旅游业的郑州等。

## 二、大河风光体验之旅——山川大观

此条路线基于河南省丰富的地理特征展开。黄河河南段西起灵宝，东至台前，流经三门峡、洛阳、济源、焦作、郑州、新乡、开封、濮阳 8 市 24 个县（区、市），河道全长 711 千米，自西向东，经历了山川峡谷、低山丘陵、平原三个不同形态的河段。因其特殊的地理位置，形成了形态各异的河道样貌。使得河南境内既有陡峭的峡谷高山景观，又有曲折悠长的悬河两岸，风景各异，蔚为壮观。在河南省洛阳市嵩县境内的白云山、洛阳市栾川县县城东 3 000 米处的老君山、信阳市南 38 千米的豫鄂两省交界处大别山中的鸡公山、焦作市修武县以北 12 千米处的云台山、鹤壁市淇县境内的云梦山、驻马店市遂平县城西25千米处的嵖岈山等，都是中原文化之中有记载的名山大川。

有集中山、低山、丘陵、盆地和平原五部分为一体的王屋山，包括中山各峰和高低起伏的山峦形成了险峻壮丽的悬崖峭壁和四季常青、色彩斑斓的山峦，展现出独特的王屋群山，给予游客无可比拟的威严之感。此外，为了更好发展旅游业，王屋山更是于2006年申请为世界地质公园，作为国家级重点风景名胜区、国家AAAA级风景区的王屋山，近乎成熟的旅游产业链能够提高游客们对自然的体会，带动生态旅游发展。

特别是现如今的人们把视线从名胜古迹转移到登山踏青时，河南境内的这几座名山既增长了游客的见识，又让游客更深刻地贴近大自然，体会山水名川所带来的怡然自得。

其中形成公园规模的当属郑州黄河地质公园，它位于河南省郑州市西北20千米处的黄河之滨，南靠岳山，北面临着黄河，AAAA级国家风景区。郑州黄河地质公园的建立，是黄河水文化与中原文化的完美融合，依托文化风景，发展了河南省当地的旅游业。郑州黄河地质公园如其名，站在远处眺望，整个黄河风景区尽收眼底。站在索道之上，可以看到河水的汹涌，看到黄河的壮美。黄河风景区保留了博大、宏伟、壮丽、优美的中原风格特点。在这里能找到华夏发源地的壮阔、雄美和历史底蕴。是黄河文化在中原的最好展现，也是黄河文化结合旅游发展的典范样本。之后的山水公园的开发可以以郑州黄河地质公园为范本，提高山水景观与黄河的连接，推动中原文化旅游业的高质量发展。

## 三、治黄水利水工研学之旅——水利水工

此条旅游路线依托河南省丰富的历史、地理、文化、水文等黄河资源，沿着黄河顺流而下，历经三门峡、洛阳、济源、郑州、开封等城市，沿着这些伟大的水利工程，结合中原文化与黄河的历史，水利水工

旅游路线从另一个角度挖掘旅游资源。

据考古发掘，在伊河、洛河三角平原龙山文化的矬李遗址中，就有圆筒式水井；在汤阴县龙山文化的白营遗址中，就有木构架支护的深水井。传说中的大禹治水，用“行山表木”“准绳、规矩”等工具，“居外十三年，过家门不敢入”。经过调查研究，改过去“障水”为“疏导”，终于把“浸山灭陵”的洪水，分疏九河，导流于渤海，平治了水患。历史与遗留下来的文物相结合，给旅游业的发展带来知识和文化贮备的扩充。在游览风景、观看文物的同时，提高自身的文化素养。

孟津区位于黄河南岸，原来这也是一座历史悠久的古城，周武王与八百诸侯会盟于孟津渡，小城由此得名。龙马负图寺和汉光武帝陵都是孟津区的知名旅游景点。小浪底本是一个普普通通的小村，位于河南省洛阳市孟津区与济源市之间，但是自从在这里修建水利枢纽以后，这个名字在全国范围内都变得家喻户晓，小浪底水利枢纽是黄河上规模最大的一处水利工程（图 8-1）。

图 8-1　黄河小浪底水利枢纽工程

如今这座水利工程也变身成了旅游景区，游客可以进入景区一览风景，近距离感受这座黄河上最大的水利工程。小浪底水利工程自 1991

年开始建设，直到2001年全面完工，共花了11年时间，建成后的小浪底具有发电、防洪、蓄水、旅游等多种功能，这里是黄河中游最后一段峡谷的出口处。

小浪底大坝是一处非常壮观的水利工程，大坝把黄河截流，全长1 667米。一年一度的调水调沙活动，是小浪底最壮观的场景，可媲美钱塘江大潮，许多游客专程前来欣赏。

大坝之下，又是另外一番场景，这里山清水秀、环境雅致，如同远离人烟的世外桃源。黄河故道显得清新而又幽静，展现北方山水之美。景区里还展示着当年修建这座大坝时使用的工程机械，小浪底大坝总共使用了5 185万$米^3$的土石料，就是靠着这些工程机械来完成的。可以动手和感受的水利水工旅行让当地的旅游业提升了旅游趣味，多种类的旅游项目带动了当地特色旅游业的发展，提高了旅游业的质量，促进了旅游业的发展和成熟。

此外，研学之旅中河南省红色文化也发挥着作用，其有以下特点：第一，基因多样，分布广泛。河南省红色文化的基因主要有阶级性、革命性、民族性、衍生性，分布面广，在全省各地都有红色文化。从分布形态来看，既有零星点状分布，又有连线成片分布，呈现出总体分散、局部集中的特点。第二，内涵丰富，传承创新。中原文化有着悠久的历史、深刻的内涵、持续的发展，中国共产党作为中华优秀传统文化的继承者及发扬者，在马克思主义的指导下对中原文化在继承中进行了再创造，从而孕育了内涵更加丰富的红色文化。第三，特色鲜明，主题突出。河南省现有的红色文化资源形式多样、门类齐全，并且大多可以和当地现有的自然资源景观、历史人文景观进行有机结合。在《2004—2010年全国红色旅游发展规划纲要》中所列出的八个方面的红色主题，河南省都有与之相对应的红色文化资源。林州市红旗渠水利风景区就是以太行山为依托、红旗渠为主景、爱国主义教育为内涵，景区自然风光奇险秀丽，人文景观底蕴丰厚，被誉为“人工天河”“中国水长城”和

“世界奇迹”。红旗渠不仅依托中原文化，而且依靠着红色文化，打造出中原红色文化研学旅行观光胜地。如林州红旗渠这样的红色文化景点，不仅在推动旅游业高质量发展上能起到重要作用，在衍生社会效益、经济效益，推动地方经济多元化、健康态发展上也能起到重要的作用（图 8－2）。

图 8－2　红旗渠纪念馆

红旗渠名胜游览区，每天吸引着成千上万的人前来参观学习，寻找精神动力，红旗渠干部学院和红旗渠纪念馆，更是成为广大干部群众精神上“补钙”、信仰上“充电”的源头活水。如今，林州市依托红旗渠打造红色精神研学等特色精品旅游线路 16 条，斩获全国红色旅游经典景区等“国字号”旅游品牌，正加速凝聚起以红色旅游为底色、全域旅游大发展的强势动能，促进旅游的高质量发展，唤起人们的爱国意识，更好地促进旅游和中原红色文化高质量结合。

通过三条路径大力弘扬中原文化，重视中原文化对于当地的旅游高质量发展的作用，促进中原地区旅游业蓬勃发展。

# 第九章 齐鲁文化和旅游业协同发展研究

齐鲁文化，地域文化名称。确切地说，齐鲁文化是“齐文化”和“鲁文化”的合称。位处东部沿海地带的齐国孕育了以姜太公为象征的思想体系，同时充分吸收了当地原生文化（东夷文化）并予以发展。两种古老文化存在差异，相对来说，齐文化尚功利，鲁文化重伦理；齐文化讲革新，鲁文化尊传统。两种文化在发展中逐渐有机地融合在一起，形成了具有丰富历史内涵的齐鲁文化。

## 第一节 “齐鲁文化”与“黄河文化”

齐鲁文化和黄河文化之间存在着密切的关系，它们相互影响、相互渗透。

在历史上，黄河流域是中国的政治、经济和文化中心，齐鲁地区处于黄河流域的中下游，是黄河文化的重要发源地之一。同时，齐鲁地区也是中国传统文化的重要传承地区，这种特殊的地理位置和历史背景使得齐鲁文化和黄河文化之间的交流和融合更加密切。

### 一、什么是齐鲁文化

齐鲁文化是中华传统文化的重要组成部分，是指古代山东地区所创造的区域性文化。

齐鲁文化主要由两部分组成，即齐文化和鲁文化。“齐鲁”一名，源于先秦齐、鲁两国。齐文化是指在齐国时期所形成的文化，以管子思想为代表，强调富国强兵、依法治国等思想；鲁文化是指在鲁国时期所形成的文化，以孔子思想为代表，强调道德伦理、仁爱礼义等思想。到战国末年，随着民族融合和人文同化的基本完成，齐、鲁两国文化也逐渐融合为一体。由于文化的共通性，“齐鲁”得以形成一个统一的文化圈，进而孕育出“齐鲁”的地域概念。这一地域与后来的山东省区域范围大体相当，故成为山东省的代称。

齐文化——商业与海洋文化，鲁文化——原始儒家文化，两者各有千秋，大约在汉朝两者融合，形成齐鲁文化。

首先将齐、鲁联系起来的是孔子。他曾说：“齐一变，至于鲁；鲁一变，至于道”（《论语·雍也》）。这句话提示了齐鲁两国思想文化的相互关联与殊异。然而，此处的“齐鲁”仅仅是两个独立的国家概念，尚未合二为一。过了不久，他又说：“齐、鲁之故，吾子何不闻焉”（《左传·定公十年》）。又进一步强调了两国文化的内在联系。但是，这里的“齐鲁”仍是国家概念，各自独立其义。到战国后期，“齐鲁”才真正组成一个词，成为含有统一文化特点的地域概念。最早把“齐鲁”作为统一地域概念使用的是荀子。《荀子·性恶篇》云：“天非私齐鲁之民而外秦人也，然而于父子之义，夫妇之别，不如齐鲁之孝具敬文者，何也？以秦人之纵情性，安恣孳，慢于礼义故也，岂其性异矣哉！”把“齐鲁”与秦对言，显然是指两个地区。齐鲁地区的人文与秦国地区的人文有何不同呢？齐鲁尚礼义，有“礼义之邦”誉称，秦则缺乏礼义文化，是其政教不同造成的，绝非因为人的本性不同。从此之后，“齐鲁”一词便经常出现，或作为国家概念，指齐、鲁两国，或作为地域概念是指今山东地区；或作为地域文化概念指齐鲁文化。如《史记·儒林传》云：“韩生推《诗》之意而为《内外传》数万言，其语颇与齐鲁间殊。”就是说，汉代生于燕郡（今北京）的韩婴作《诗》内外传（即《韩诗》），其语言和学术观点，与齐鲁地区作为今文或古文经学的《诗》论特点明显不同。《汉书·艺文志》曰："汉兴，有齐鲁之说"。《晋书·范宣传》曰："讽诵之声，有若齐鲁"。苏辙有句诗为"我生本西南（四川眉山市），为学慕齐鲁"。李清照的《上枢密韩肖胄诗二首·其一》曰："嫠家父祖生齐鲁，位下名高人比数"。清代诗人吴伟业的《赠苍雪》曰："洱水与苍山，佛教之齐鲁"。"齐鲁"一词，已成为较为固定的地域概念，这一概念源于齐鲁两国，且与两国文化有许多共同特点，从而形成一个独立的地域文化圈。这一方面说明，齐、鲁两国文化逐步融合为一个统一的文化实体，成为天下向慕的"礼义之邦"；另一方面，作为地域概念也明确化，即指今山东地区。山东号称"齐鲁"，或简称"鲁"，或简称"齐"，此称有很深的历史渊源和较固定的地域范围。

齐鲁文化的形成和发展受到了周围环境的影响。山东省地处华北平原东部，东临大海，南接中原，西与北则分别与冀、豫、皖、晋四省相邻。山东省地形复杂，境内多山，山脉丘陵多于平原，这种地理环境造就了齐鲁文化的特征。

齐鲁文化在发展过程中形成了自己独特的文化体系和价值观念。首先，齐鲁文化强调"仁爱礼义"，这是鲁文化的核心价值观念。孔子是鲁文化的代表人物，他主张"仁者爱人""克己复礼"，强调人们应该遵循道德规范，注重礼仪制度。其次，齐文化强调"富国强兵"，这是齐文化的核心价值观念。管子是齐文化的代表人物，他主张"富国强兵"，注重发展经济和军事力量。同时，齐文化也强调法治，注重制度建设。

在历史上，齐鲁文化对中国的文化发展产生了深远的影响。首先，齐鲁文化为儒家思想的发展提供了重要的支持。儒家思想是中国传统文化的主流思想，影响了中国几千年的历史。其次，齐鲁文化对于中国的政治制度建设产生了深远影响。齐文化的法治思想，为中国的法律制度的建设提供了宝贵的启示和借鉴。此外，齐鲁文化也在中国的经济发展方面发挥了重要作用，促进了经济繁荣和社会进步。齐文化的富国强兵思想对于中国的经济发展提供了启示。

## 二、齐鲁文化的特点

齐鲁文化是一种独特的文化形态，具有悠久的历史和深厚的文化底蕴。在当今社会，齐鲁文化仍然具有自己的特点和价值观念。

首先，齐鲁文化具有强烈的传统色彩。山东是孔子的故乡，是儒家文化的发源地，因此齐鲁文化深受儒家思想的影响。在当今社会，齐鲁文化仍然强调传统的道德观念、礼仪规范和社会价值观念。这种传统文化得到了传承和发展。

其次，齐鲁文化具有强烈的民族精神。山东是中国的文化大省，山东人民具有强烈的民族自豪感和集体意识。在齐鲁大地上，团结、勤劳、真诚和笃信等民族精神得到了高度的赞扬和发扬，这种精神不仅体现在个人行为中，也体现在集体行动中。

再次，齐鲁文化具有浓厚的乡土特色。山东是一个多民族、多文化的省份，每个地区都有自己独特的文化和传统。在齐鲁文化中，强调乡土特色和地方文化，这种乡土特色不仅在文化遗产中得到保护和传承，而且在现代文化创新中也得到发展和提升。

最后，齐鲁文化具有开放性和包容性。山东省是中国的文化交流中心之一，齐鲁文化融合了不同地域文化的元素，形成了独具特色的文化形态。这种开放性和包容性的文化不仅在文化交流中得到体现，而且在经济合作中也得到发扬光大。

以上特征使得齐鲁文化不仅在历史上得到传承和发展，而且在当今社会也得到广泛地应用和推广。

**1. 传统与现代的融合**

齐鲁文化是一种历史悠久的文化形态，具有深厚的文化底蕴和传统色彩。然而，在现代社会中，齐鲁文化并没有被淘汰，相反，它正在逐渐与现代社会融合。在山东地区，许多传统文化元素正在被重新发掘和传承，同时也有许多新兴的文化元素正在涌现。这种传统与现代的融合，使得齐鲁文化具有更加广泛的影响力和更强的生命力。

**2. 地域特色与多元文化的融合**

山东是一个多民族、多文化的省份，不同的地区有着不同的文化和传统。在齐鲁文化中，不仅强调乡土特色和地方文化，而且融合了不同地域文化的元素，形成了独具特色的文化形态。这种地域特色与多元文化的融合，使得齐鲁文化具有更加开放和包容的态度，也更加符合现代社会的多元化发展趋势。

**3. 文化传承与创新的结合**

在齐鲁文化中，文化的传承和创新密不可分。一方面，齐鲁文化注重传统文化的传承和保护，尤其是对于非物质文化遗产的传承和保护。另一方面，齐鲁文化也在不断地进行创新和探索，尤其是在现代艺术、文化旅游等领域，创造出许多具有创新性和影响力的文化产品和文化活动。这种文化传承与创新的结合，使得齐鲁文化既具有历史的厚重感，又具有现代的活力和创造力。

**4. 人文关怀与社会责任的结合**

齐鲁文化注重人文关怀和社会责任，尤其是在公共文化服务、教育、医疗等领域。在山东地区，公共文化服务体系逐渐完善，公共图书馆、博物馆、美术馆等公共文化设施的数量和质量也在不断提高。同时，在教育、医疗等领域，也注重人文关怀和社会责任的培养和教育。这种人文关怀与社会责任的结合，使得齐鲁文化更加具有人文精神和人文价值。

总之，齐鲁文化在当今社会中具有传统与现代的融合、地域特色与多元文化的融合、文化传承与创新的结合以及人文关怀与社会责任的结合等特点。这些特点使得齐鲁文化既具有历史的厚重感，又具有现代的活力和创造力，同时也更加符合现代社会的多元化发展趋势。

## 三、齐鲁文化与黄河文化的关系

首先，黄河流经黄土高原，在下游平原区形成肥沃的冲积平原，齐鲁大地受惠于此，成为中华文明的发祥地之一。黄河、泰山、孔子在齐鲁大地汇聚，构建起中国文化精神内核“儒家思想”，以“山盟”“河誓”“敬贤”等“大一统”仪式，奠定中国哲学思想、治国智慧、价值理念和道德规范，形成中国文明的精神力量，延续数千年，成就了中国作为世界文明古国的殊荣。同时，一条大河也疏通了山东半岛内陆地区的出海通道，与滨海港口相连，构建起海陆交融的发展格局。齐鲁文化结合互补，扬长避短，再加上以我为主、兼收并蓄的宽宏气度和自强不息的积极进取精神，因而奠定了齐鲁文化在黄河文化中的核心地位，并对中华文明的发展作出了重大的贡献。

其次，齐鲁文化受到黄河文化的影响。齐鲁地区的政治制度、社会风俗、家庭制度等方面都受到黄河文化的影响。例如，在政治制度方面，齐鲁地区的政治制度注重礼仪和制度建设，这与黄河流域地区的政治传统一致。齐鲁地区处于黄河流域的重要位置，是黄河文明的重要发源地之一。齐鲁地区的多元文化和独特的文化特色，也对黄河流域的文化发展产生了影响。例如，在文学方面，齐鲁地区的文学作品如《诗经》《左传》等，对后世文学的发展产生了影响。在艺术方面，齐鲁地区的民间艺术如剪纸、皮影等，也对黄河流域的艺术发展产生了影响。

齐鲁文化的形成，是古代黄河流域多元文化综合提炼的结果。早在远古，处于黄河下游的齐鲁故地就是当时文明最发达的地区之一。生活在这一地区的东夷族创造了灿烂的古代文明。回溯至古老的神话传说，最早生活在这一地区的以凤鸟为图腾的太皞氏、少皞氏和当时以天鼋（龙）为图腾的炎黄族共同创造了最早的黄河文明，故闻一多先生说：“把龙凤当作我们民族的发祥和文化肇端的象征，可说是再恰当没有了。”考古发掘的材料也证明，发源于这一地区的大汶口文化和龙山文化也一度处于黄河流域文化发展的领先地位。进入夏商周后，东夷文化和夏、商、周文化渐次融合，最后形成了华夏文化的主体。

## 第二节　齐鲁文化和旅游业协同发展的现状

从商代一直到先秦时期，齐鲁地区是当时全国重要的政治、经济、文化中心，人文和自然遗产极为丰富。山东也是我国人文遗产大省，泰山和“三孔”都是较早地被列入世界自然、文化和人文遗产的景区。齐鲁文化推动了山东省丰富多彩的文化旅游资源的发展。

近年，山东省各地持续丰富产品供给、创新消费场景、策划系列节事活动、优化旅游市场环境，多方联动发力，线上线下结合，省市县三级联动做热文旅消费，激活市场活力。

### 一、齐鲁文化孕育丰富旅游资源

**1. 传统文化资源**

山东曲阜是先贤孔子的故乡，曲阜的孔庙、孔林、孔府集中华文明千年文化之大成，是朝拜圣地的首选。孔庙是世界上最早的祭祀孔子的庙宇，是中国人尤其是中国读书人不能错过的拜谒胜地。东岳泰山是道家尊崇的神山，曾有12位帝王在此举行封禅大典。泰山南麓的大汶口文化和北麓的龙山文化遗存，均彰显出泰山在华夏古代文明中的重要地位。泰山脚下的岱庙规模庞大、气势恢宏，主体建筑天贶殿是中国三大殿之一，国宝级文物碑刻随处可见。济南自古以来就是齐鲁文化的交融之地，它是世界上泉水最多的城市，素有泉城之美誉。趵突泉，为济南72名泉之首，称之为“天下第一泉”，距今有2 700多年的历史。这里还被古人列为济南八景之一的“趵突腾空”，据说最高能喷射五六尺高。“人间仙境”的蓬莱，八仙过海的传说就发生在这里。在古老的神话中，蓬莱乃海上三座仙山之一，山上为仙境，存有长生不老之药。据传，秦始皇、汉武帝都曾派人寻访至此。水泊梁山位于山东省西南部梁山县境内，由梁山、青龙山、凤凰山、龟山四座主峰和虎头峰、雪山峰、郝山峰、小黄山等七条支脉组成，这里是中国四大古典名著之一的《水浒传》故事发生地。梁山风景区景点星罗棋布，遗址众多，梁山的民风淳朴，是中国武术四大发源地之一，当地别具特色的表演有武术表演、斗鸡和斗羊等。“品水浒、做好汉、上梁山”早已成了梁山旅游的新时尚。

**2. 红色文化资源**

山东省革命遗址遗迹众多，红色文化资源丰富，沂蒙精神是中国共产党人精神谱系的重要组成部分，是党和国家的宝贵精神财富。目前，山东省已依托山东省党组织发展历程、八路军主力入鲁、山东革命根据地经济建设实施革命文化线路整体保护展示工程，如通过北海银行、山东抗日根据地战时邮政（秘密交通线）、刘邓大军过黄河、土地革命时期找党的历程、王尽美与早期工人运动等革命文物保护利用主题线路，系统展示土地革命、抗日战争和解放战争时期山东省内党、政、军、经济、交通等方面的发展演变过程，逐步形成了革命文化线性传承发展平台（图 9-1）。

图 9-1　位于山东省临沂市蒙阴县的孟良崮战役纪念馆

**3. 滨海旅游资源**

山东是黄河流域9省（自治区）唯一地处东部沿海的省份，当地不断发挥山东省半岛城市群龙头作用，打造“沿着黄河遇见海”的黄河文化旅游新名片，举办黄河文化论坛，推动黄河口国家公园建设，讲好新时代黄河故事。

山东省海岸线占全国的六分之一，千里仙境海岸景色秀美、令人神往，具有发展海洋旅游的独特优势。近年，山东省大力发展海滨城市游、海岛生态游、海底探秘游、海洋文化游，实施“千里山海”自驾风景道等重大工程项目，提升滨海旅游度假区和核心景区品质，打造一批海岛深度游精品项目，进一步扩大了山东省滨海休闲度假旅游的吸引力、美誉度和影响力。

**4. 工业旅游资源**

山东是工业大省，工业旅游基础好、潜力大。山东省顺应发展潮流，深度挖掘大国工匠精神，推进工业旅游与科技、教育、文创深度融合，提升打造了青岛啤酒、东阿阿胶、中国东方航天港等一批国际化工业旅游基地，着力将工业旅游培育成旅游发展的新亮点、工业转型的新动能，推动打造全国工业旅游新高地。

## 二、齐鲁文化与旅游业协同发展

作为黄河入海的最后一站，山东省近年深入挖掘、阐释、弘扬黄河文化。如今，历史上数次泛滥成灾的黄河，正成为造福齐鲁大地的幸福河。

得益于黄河的滋养，山东省经济快速发展，文化绽放异彩。黄河孕育了绚烂的齐鲁文化，黄河文化与红色革命文化、儒家文化、泰山文化、运河文化、海洋文化、泉水文化等在此融合发展。随着黄河流域生态保护和高质量发展上升为重大国家战略，山东省各地不断加强对黄河文化遗产的保护，深入挖掘和阐释其中蕴含的时代价值，为社会发展凝聚精神力量。黄河治理是一项系统工程，涉及水利建设、生态建设、文化建设等方方面面。在推动黄河流域生态保护和高质量发展过程中，山东省越来越多的地方开始借力文化和旅游元素，赋能产业转型升级，让黄河水焕发出新的生机与活力。

**1. 统筹文旅活动**

分类推出活动详情、举办地图和时间明细表。以“黄河大集”统揽全省沿海祭海节、各地大集庙会及传统节庆民俗等活动，鼓励市场化、社会化举办乡村旅游节、生态旅游节、国际旅游周。发布“十大节庆活动”“十大民俗活动”榜单，推出一批“网红打卡地”等。如“渔家乐”，在威海、日照、烟台等地开展得较好。烟台市蓬莱区“渔家乐”的民俗旅游活动让游客参观渔民网箱养鱼和筏式养殖项目，观看和参与渔民舞龙、扭秧歌、吹渔家号子、尝渔家风味小吃等民俗活动。日照市东港区王家皂民俗旅游村则推出了以“吃渔家饭，乘渔家船，住渔家屋，干渔家活”为内容的民俗旅游。威海市环翠区、荣成市成山镇河口村等地也开展了“住渔家屋，吃渔家饭”、垂钓、赶海等渔家生活民俗旅游。

山东的“农家乐”民俗旅游也颇负盛名，游客可住农家炕、吃农家饭、做农家活、欣赏农家小戏、参观民俗博物馆、体察民风乡情、领略田园风光。地处内陆地区的安丘、泰安、枣庄、临沂等地则因地制宜地开展“农家乐”民俗旅游。安丘市凌河镇石家庄民俗旅游村推出的“住农家房、吃农家饭、做农家活、随农家俗”的旅游项目，吸引了众多中外游客。泰安市邱家店镇埠阳庄也开展了“同吃、同住、同劳动”的民俗旅游活动。近年，枣庄、临沂等地开展以农村家庭为主体的民俗旅游，如枣庄市峄城区“万亩石榴园”内的王府山村、临沂市蒙阴县的桃花峪村和八达峪村等为代表的民俗旅游活动。

**2. 激发热门旅游 IP 潜力**

山东省通过打造具有“时尚风”“烟火气”“点亮星空”的文旅消费

集聚区，推出“一区一品”特色文旅消费项目。优化文旅消费环境，发布夜间文化和旅游消费地图、专题榜单和消费指引。

如2023年上半年，由“特种兵旅游”引发的淄博烧烤更是“出圈”成为现象级网红IP，淄博市当地迅速抓住契机，通过发布淄博烧烤地图、开通烧烤专列等多项举措，确保热度不减，正面效应持续放大，进一步擦亮“淄博烧烤”新名片，树立了打响文旅品牌、促进文旅消费的典范，得到网友们广泛认可。五一国际劳动节期间，铁路淄博站累计发送旅客24万余人次，较2019年同期增长8.5万人次，客运发送量创新高。淄博市紧抓热度，以“烧烤＋”理念打造了多元化文旅产品，举办文化旅游节、美食音乐季、篝火晚会、花朝节等特色活动32场，向区县分流、向景区引流，山东文旅·红叶柿岩旅游区、马踏湖国家湿地公园淄博景区、潭溪山旅游度假区、梦泉生态旅游区、马鞍山风景区等相继开展“高铁票免费换景区门票”活动（图9-2）。

图9-2　淄博烧烤

**3. 开发必购商品**

整合“山东手造”“山东有礼”“老字号”等特色产品，组合开发山东省旅游必购商品大礼包，发布“旅游商品TOP10”名单。完善线上线下联动的旅游购物销售体系，打造“好客山东·好品山东”旅游购物旗舰店等。

在“游”方面，鼓励景区结合实际实施一票多次多日使用制，用好“好客山东”一码通。在“购”方面，推动文博单位文创产品设计，策划推出“好客山东·好品山东”旅游必购品大礼包。截至2023年6月底，山东省接待游客3.4亿人次、实现旅游收入4 060.7亿元，两项数据分别恢复至2019年同期的107.3%、87.7%。截至2023年8月，全省组团量、散客预订量均大幅超过2019年同期水平，全省文旅市场总体呈现“迅速回暖、强势复苏”的特点①。

## 第三节　齐鲁文化与旅游业协同发展存在的问题

有些问题在整个旅游业具有普遍性，如对旅游资源重开发不重保护，重经济效益轻文化效益和社会效益，有些景点（景区）的管理体制还没有完全理顺等；也有一些具体问题，如景点（景区）各自为政，重个体得失轻共同发展等。

### 一、管理体制的分割带来矛盾

近年，山东省有数处景点（景区）出让经营权限，把景点（景区）交给公司经营开发，由此导致了诸如文物保护、收益分配等一系列问题：还有同一个景点（景区）分属不同的管理部门，各自为政，破坏了景点（景区）的完整性和旅游开发的协调一致性。

**1.“三孔”管理体制变更所带来的旅游开发与文物保护问题**

曲阜“三孔”随着文物管理体制的变动，被移交给旅游公司进行经营管理。在2000年12月6—13日的卫生清理活动中，孔庙、孔府、颜

① 边锋：《山东多措并举提振文旅消费》，《中国旅游报》，2023年8月15日第2版。

庙等处出现了用水冲刷、硬物摩擦和掸抹、擦拭文物的现象，导致了孔庙、孔府和颜庙等古建筑群的22个文物点受到了不同程度的破坏，其中部分损坏极其严重。

很明显，这种“水洗三孔”的做法不是文物保护专业人员所为。就此事件，国家文物局文物司有关人士称，冲洗古建筑及文物严重违反了基本文物保护常识，这在文物保护工作中是罕见的。北京大学世界遗产研究中心教授谢凝高也认为，把世界遗产和国家文物交给旅游部门管理是错误的，不符合国家文物保护法。事后，曲阜市委、市政府对文物管理体制进行了重新确定，“三孔”文物景区的保护管理工作由市文管会统一负责，孔子国际旅游股份有限公司对“三孔”的管理立即退出，原来从文管会划出的干部职工划归文管会管理。

**2. 蒲松龄故居与聊斋园的管理体制分割**

蒲松龄故居是山东省省级重点文物保护单位，属国家所有；聊斋园属蒲家庄所有。1989年，蒲家庄为发展旅游，投资3 000万元在该村村外建设了以展现聊斋故事为主要内容的聊斋园。长期以来，两者均独立运营，游客对这两者各收门票意见很大。这两个景点门票不能联合的深层原因在于管理体制的不同和旅游收益的分配。

## 二、企业化运作带来的弊端

进入新世纪以来，曲阜“三孔”、蓬莱阁及威海刘公岛相继公布门票价格调整策略，这一举措不仅导致省外部分旅行社在报价中剔除这些景点，还激起了济南等地60家旅行社的强烈不满。天津、北京、河南、河北、广东等地旅游团队在接待计划单上明确指出报价不含涨价景点门票或门票客人自理。以蓬莱阁为例，不少团队的客人只是远远看看蓬莱阁，或者乘船在海上看看蓬莱阁就算到此一游。威海刘公岛也出现了这种情况，有的团队只是隔海看一眼景点，就把客人带到别的景点去了。诸多景点过分关注门票收入，持续提高票价，致使山东省旅游线路的整体报价逐步攀升，然而，这样的提价方式反而导致了财源流失。

## 三、不规范竞争导致同质化

在同质地区共享旅游资源的过程中，因内部竞争不规范而导致的资源分割现象既削弱了旅游的独特性，又造成了客源市场的分散。

**1. 龙口的徐福节**

青岛市黄岛区和龙口市分别举办纪念徐福东渡日本庆典、徐福故里文化节，它们的旅游资源、活动内容和客源市场均大同小异，而且二者同属于胶东半岛，地理位置非常近，这就加剧了对同类目标客源市场的分流，影响了二者的旅游收益。更值得注意的是，在江苏等其他省份，也开发了以徐福东渡为主题的民俗旅游。

**2.“中国民俗旅游第一村”之争**

潍坊安丘市凌河镇石家庄民俗旅游村被誉为“中国民俗旅游第一村”，日照市东港区卧龙山街道王家皂民俗旅游村却定位在“山东民俗旅游第一村”。首先，二者都以“民俗旅游第一村”命名，不利于突出特色；其次，石家庄民俗旅游村既然被誉为“中国民俗旅游第一村”，毫无疑问，它也是“山东民俗旅游第一村”，王家皂民俗旅游村也以此定位，不但重复，而且笼罩在石家庄民俗旅游村的“阴影”之下，给旅游者的印象是：王家皂民俗旅游村只是山东第一，石家庄民俗旅游村才是中国第一，如此一来，不利于对外宣传促销。

## 四、开发滞后，对外竞争不力

虽然山东省有很多富有竞争力的文化旅游资源，但由于开发滞后，导致对外竞争不力。

**1. 运河文化旅游必须迎头赶上**

运河文化在山东省境内有众多的文化景观和文化遗迹。南方的苏州、无锡、扬州等地，运河文化旅游开展得如火如荼。山东省运河旅游开发已经远远落后。山东省重点文物保护单位汶上分水龙王庙等运河文化遗迹，如不抓紧抢修，将会造成不可弥补的损失。水体污染、经费不足等因素严重制约了运河旅游的发展，也使相当数量的运河文化遗迹得不到有效保护。

**2. 梁祝婚俗旅游有待大力开发**

济宁建设文化大市，在加强对始祖文化、儒家文化、运河文化、水浒文化研究的同时，应重视对梁祝文化的研究，因为梁山伯、祝英台的故里在济宁，梁祝文化内涵比较丰富。儒家的“孝道”观，尊重知识、重视礼仪的思想，对梁祝故事的产生、发展、流传产生了很大的影响，重视对梁祝文化的研究，对于开展家庭美德教育，树立孝敬父母、重视爱情的社会风气，对于倡导冲破世俗观念的束缚，树立改革创新意识，都具有十分重要的意义。浙江省的梁祝文化旅游已建有梁祝婚俗园，举办了数次梁祝婚俗文化节，且正在申报世界非物质文化遗产，这对山东省来说，大力开发梁祝婚俗旅游迫在眉睫。

**3. 水浒旅游：墙内开花墙外香**

山东是水浒文化的源头，但限于种种原因，中央电视台《水浒传》把摄影基地选在无锡，无锡“水浒城”随着电视剧《水浒传》的热播而扬名海内外，给当地带来了源源不断的客流。在各种旅游推介会上，无锡打出了以武大郎、潘金莲等水浒人物为代表的水浒牌，相反，鲜见山东这样做。

**4. 菏泽牡丹要做大做强**

目前国内主打牡丹旅游的主要是洛阳市和菏泽市，由于交通的可进入性、经济发达程度等原因，洛阳市在旅游宣传促销和开发方面处于领先地位。菏泽市享有“中国牡丹之都”美誉，从明朝嘉靖年间开始引种培育牡丹至今，已有长达400多年的历史，是目前世界上种植面积最大、品种最多的牡丹生产基地、科研基地、出口基地和观赏基地。尽管自1992年开始每年一度的牡丹花会使菏泽在山东省旅游中占有一席之地，但令人遗憾的是，除了牡丹之外，菏泽市几乎没有其他自然景观能够吸引游客驻足，短短的半天时间便可以游遍菏泽市的各个牡丹园，每位游客在菏泽的停留时间最多不会超过两天。除了花期较为短暂的限制外，菏泽市旅游业在一年中大部分时间可谓门可罗雀。尽管存在一些人文景观，但由于欠缺开发，菏泽市旅游业大部分时间显得非常冷清。

## 第四节　齐鲁文化促进旅游业高质量发展的路径

齐鲁文化促进山东省旅游高质量发展，要处理好以下几个关系：根与魂的关系，以文化为魂，旅游扎根；保护与弘扬的关系，以文化设施保护传承遗产价值，以旅游产业弘扬时代价值；故事与叙事的关系，以文化故事为底蕴，以旅游叙事为展示；中国和世界的关系，以中国文化的魅力和核心价值观，连接并融入世界文明之河。

### 一、遵循原则

**1. 文化原则**

“文化是明天的经济”，随着山东省旅游业的深度发展，以文化为内涵的旅游将会超越以观光为内涵的旅游，对促进山东省旅游高质量发展而言，山东省民俗文化是齐鲁文化的重要组成部分，因此，开发山东省民俗旅游必须遵循文化原则。具体来说，主要有以下几点：首先，开发和经营者应具有较强的文化意识，对民俗文化有较全面的理解，对民俗文化在民俗旅游中的重要性有充分的认识，能从多学科的角度研究各类民俗事项，发掘民俗旅游资源。其次，民俗旅游项目应创造和实现民俗文化氛围，以便让旅游者得到深刻的文化体验和感受。最后，民俗旅游项目开发不仅要具有民俗的“神”，还要具有民俗的“形”，做到“神”“形”合一，把民俗文化的精华完整地表现出来。

**2. 本土化原则**

齐鲁文化是中华传统文化的主干和核心，山东省民俗作为齐鲁文化的中下层文化，其影响非常广泛。民俗旅游利用民俗文化吸引游客，具有鲜明的民族性和地方性。因此，在开发过程中必须以民俗文化为根基，避免过于商业化地运作和不切实际地模仿与开发。本土化原则包括两个方面：一方面是因地制宜，挖掘当地的民俗文化资源，突出“原汁原味”，不要轻易仿制。当然，这并不排除以此为目的的适当提炼和加工，在实际的开发和经营中，这样做往往是必要的；另一方面，对于移植的外来民俗文化，则要充分考虑当地的接受能力和接受程度，某些与当地民俗文化背景有冲突的民俗文化资源，在强调新奇性的同时，必须经过本土化的改造，否则不宜移植。

**3. 特色性原则**

特色性是旅游资源的基本属性，齐鲁文化也是如此。在旅游开发实践中应以特色为依据，突出山东省各地的旅游特点，设计和推出与众不同的旅游产品、旅游线路和旅游产品。突出特色性原则也是提升旅游区的品位、提高竞争能力的有效手段。

**4. 可持续发展原则**

在旅游规划和开发中，更要注重对旅游资源的挖掘、抢救和保护，不要杀鸡取卵、竭泽而渔，要有长远眼光，保持旅游的可持续发展。因为随着中国经济建设的进一步发展，城市化进程呈加速度增长的势头，赖以存在的风俗习惯和古民居、古建筑遭到建设性破坏，因此，对民间文化遗产的抢救迫在眉睫，旅游开发是保护民间文化遗产的重要途径和手段，但要注意避免重蹈城市化的覆辙。

**5. 经济效益、社会效益和文化效益的统一原则**

旅游规划与开发要充分考虑自然资源、人文资源和社会资源的有机结合，充分协调经济发展、资源保护和社会进步的关系，坚持经济效益、社会效益和文化效益的统一，促进山东省旅游健康、高效持续地发展。

## 二、发展路径

### 1. 加大非遗保护力度

山东省文化遗产保护工作锚定“走在前、开新局”，推动文化遗产事业高质量发展。山东省实施文物保护利用“十大工程”，推进博物馆改革创新，健全非物质文化遗产分类保护传承体系。加强非遗传承人评估和管理，强化文物安全督查、考核机制，推进落实土地储备“先考古，后出让”制度。在文化遗产研究阐释和宣传推广上，山东省将全方位挖掘文化遗产的价值与内涵；积极开展优秀传统文化教育体验活动，营造传承中华文明的浓厚氛围。在促进文化旅游融合发展上，实施非遗传统工艺振兴计划、推进“山东手造”工程，推进长城、大运河、黄河国家文化公园（山东段）建设，推出更多更富吸引力的文物古迹、革命遗址、非遗场所相关旅游产品。

以最近文旅“出圈”的淄博市为例，该市主动融入“山东文脉”，持续深化文化赋能，实施好中华优秀传统文化“两创”突破行动，推进齐国故城申遗、稷下学宫遗址考古发掘，打造“博物馆之城”和“山东手造·齐品淄博”文化品牌，让齐文化可研可学、可感可触，持续擦亮齐文化金字招牌，构建“尼山淄水”交相辉映的格局。

淄博市博山区始终高度重视文物和文化遗产保护工作，持续深化“文化赋能”，不断加大文物保护和非遗文化的挖掘、创新、传承力度。大力实施文物古迹保护工程，先后对齐长城博山段、颜文姜祠等28个文物保护单位进行修缮。积极探索“文物＋旅游”“非遗＋旅游”新模式，以齐长城国家文化公园为核心，策划实施重点文旅项目20多个，推出名人故居游、工业遗产游、文化遗产研学游等10条精品旅游路线，形成了“以用促保”的良性循环。齐长城沿线济南、青岛、淄博、潍坊、泰安、日照、临沂7市文化和旅游局发起成立“齐长城文化和旅游推广联盟”。齐长城横亘于黄河、泰山、黄海之间，见证了齐鲁大地

2 600 多年的兴衰沧桑，造就了瑰丽多姿的文化与自然景观，是齐鲁大地开放、包容的地域象征。做好齐长城保护工作，对于推进优秀传统文化创造性转化、创新性发展，加快文化强省建设，具有重要意义。

**2. 打造黄河文化精品旅游带**

山东省凭借其优越的地理位置及其悠久的历史文化底蕴，在建设黄河文化旅游长廊方面占据显著优势。山东省享有五大优势：第一，儒家文化的厚度，齐鲁文化是儒家文化的发源地和文明母地，具有源地崇拜的核心优势；第二，山岳文化的高度，在黄河名山体系中，“三山五岳”独树一帜，泰山为“五岳之尊”，“会当凌绝顶，一览众山小”；第三，海纳百川的开放度，山东省是黄河入海处，大河文明与海洋文明交融，具有“黄河入海流”的宏大气魄；第四，生态文明的多维度，山东省具有山水林田湖草的综合性和系统性，尤其是黄河入海口的河海湿地，是生物多样性的集中体现；第五，国家旅游风景道的风度，作为黄河风景道的海洋起点，溯流而上，山东省形成了文化遗产高度、景观美誉度、品牌推广力度和文旅产业强度的旅游综合体。无疑，对于一条生态、文化河流的发展而言，文旅产业是推动黄河流域生态保护和高质量发展的先导产业。旨在促进文旅产业高质量发展的“全域旅游”理念及其实践，将与黄河文化精品旅游带高质量发展，构成山东建设“文旅强省”的交响乐。

山东省委、省政府印发的《山东省黄河流域生态保护和高质量发展规划》提出，将共建黄河流域合作发展平台，深化文化遗产保护、旅游资源开发、旅游品牌打造等领域的合作，实施黄河湿地保护与生态旅游发展计划，推动建设“黄河故道”生态文化旅游协作区，联合推出历史文化游、自然生态游、研学体验游等优质旅游产品，共同开展黄河旅游节庆活动和特色旅游目的地营销推广。需要进行深度开发，尤其是结合齐鲁传统文化和历史，做一些主题旅游项目，把沿黄流域附近的旅游文化资源利用起来。将黄河和绿色海洋两个概念结合起来，发展绿色旅游项目。

随着黄河流域生态保护和高质量发展号角的奏响，黄河文化精品旅游带的建设，黄河、大运河、长城等国家文化公园的落地，黄河流域将迎来新机遇，构建"海陆统筹·城乡互融"的发展格局，是山东省在新时代以推动新旧动能转换来实现高质量发展的战略定位。高质量发展有赖于高质量的业态培育和环境保障，黄河流域全域旅游的发展实践，为黄河文化精品旅游带的建设，以及实现黄河流域生态保护和高质量发展奠定了一定的机制基础、产业基础和市场基础，探索了创新发展需要具备大视野、全局观、凝聚力等优秀经验。

**3. 依托民俗文化资源**

山东省传统节日文化资源丰富，节日特色饮食、节庆活动和民间艺术等都是齐鲁文化深厚底蕴的体现，以此为主体展开的民俗旅游活动，体现出不同地区的文化特色，具有较强的旅游吸引力。节日民俗作为一种社会传承文化，始终处在不断的变化中，传统节日文化旅游资源开发，要着重体现体验性、参与性和动态性等特点。山东省已有的民俗旅游项目涉及宗教信仰、建筑、饮食、节庆、民间工艺等各个方面，其中许多都与传统节日有关。宗教信仰反映出一定人群的精神世界；民俗建筑作为物态的文化成果，是历史和艺术的结合；饮食也是一种物态的民俗，在旅游资源开发中不可或缺；节日期间的游乐民俗和庙会民俗也是民俗旅游的重要组成部分。采用民俗旅游的开发模式，将民俗文化旅游与传统节庆相结合，可以使齐鲁文化得到更加全面的展示，让游客全面体验齐鲁民风。传统节日习俗与民俗旅游结合最常见的有两种模式，即民俗节日—节庆活动模式和民俗活动—节庆活动模式。民俗节日—节庆活动是指以传统节日为核心，开展观光游览与体验民俗相结合的旅游活动；民俗活动—节庆活动形式是指以传统的民俗活动为主题，举办专门的旅游节庆活动。如潍坊国际风筝节，就将放风筝的民俗活动发展成为国际性的文化旅游活动。

传统节日文化的旅游资源开发，可以传统节日为抓手，根据节期、节日主题和地区的不同，将相应的民俗文化活动融入具体的传统节日中。同时，要注意本土特色，根据各地的民俗特点，扬长避短，充分体现传统节日文化的地域性特征，绝不能生搬硬套，改变原有的文化特色。当前，许多本土化的节日习俗正在逐渐消亡，对传统节日民俗进行专题性开发，以开发促保护是十分必要的。从春节、元宵节、端午节、中秋节等重要的传统节日里，选择有代表性的特色民俗作为开发主题，通过建立民俗生态博物馆、民俗村落和主题公园等模式，采用科学讲解、情景再现和亲身体验等方式，将已经离开现实生活的节日民俗展现出来，是比较有效的开发模式。例如，潍坊市寒亭区杨家埠村经过初步开发，恢复了明清杨家埠年画鼎盛时期的村庄面貌，使游客可以在浓厚的乡村民间艺术氛围中体验刻印年画、张贴年画的乐趣，手工年画这项传统民间技艺也因为合理的旅游开发而得到了及时的抢救和保护。许多海外游客选择在春节期间到杨家埠村旅游，与当地的老百姓一起印年画、贴对联、放鞭炮、包饺子，体验地道的山东年俗。除了杨家埠村，山东省还有众多特色民俗村落，如郓城县“天下第一武术村”、济南市章丘区官庄街道朱家峪古村落、济南市莱芜区雪野街道房干村等，这些保留众多特色民俗村落是发展节庆旅游的重要舞台。

# 第十章

# 黄河流域区域文化与旅游业协同发展的意义

黄河流域作为中国文明的发源地之一，拥有着丰富的文化和旅游资源。党的二十大报告中指出，要“推动黄河流域生态保护和高质量发展”“建好用好国家文化公园”，《“十四五”文化发展规划》及《“十四五”文化产业发展规划》中均明确了推进黄河文化产业带建设的重要理念，黄河区域文化与旅游业协同发展的重要性正日益凸显。

然而，当前黄河流域文化旅游业的开发和发展面临着诸多问题和挑战，沿黄各省、自治区不同区域内的文化资源禀赋特色突出，但产业发展还停留在较低层次，区域文化产业带尚未完全形成，整体建设仍有一些问题亟待优化解决。因此，促进黄河流域区域文化与旅游业的协同发展，对于推动区域经济发展、传承和弘扬中华文化具有重要意义。

## 一、黄河流域凝聚中华文脉，是增强文化自信的重要载体

从夏至北宋的 3 000 多年间，黄河流域一直是我国政治、经济、文化的中心。可以说，黄河见证了中华文明发展史和我国不同历史时期的变迁，绘就了绚烂缤纷的中华文明历史图卷，是展示中华文明和增强文化自信的重要载体。这期间孕育形成的黄河文化，是中华文明的重要组

成部分，把中华民族的文化感情与命运紧密联系在一起，形成了中华民族的文化基础，为增强中华民族的文化自信心和民族自豪感奠定了坚实基础。

发掘黄河文化内涵，活化黄河文化遗产，讲好黄河故事，对于落实黄河流域生态保护和高质量发展重大国家战略、凝心聚力推进中国式现代化建设具有重要意义和作用。

应当以增强文化自信和打造文化强国为目标，深入挖掘黄河优秀传统文化内涵，全面提升黄河文化的当代价值和时代精神，结合新时代经济社会发展和人民美好生活的现实需要，多渠道、多方式、系统性弘扬好利用好黄河优秀传统文化，发挥黄河文化在增强文化自信和建设文化强国方面的核心带动作用。

同时，深入挖掘黄河在数千年历史中逐步凝练、升华的中华优秀传统文化，讲活黄河流域历史和当代故事，深化全社会对黄河文化的认同和认知，切实增强文化自信。大力推动黄河文化“走出去”，讲好黄河故事，促进黄河成为中华文化传播的符号和载体。推进“黄河文化＋”和“互联网＋”联动发展，利用互联网等高新科技在黄河流域区域文化与旅游业协同发展融合中的应用，将黄河打造为跨越时空、融合东西、连通南北的多彩“母亲河”。

## 二、黄河流域文化兼容并蓄，是建设文化强国的重要抓手

中国式现代化是物质文明和精神文明相协调的现代化，是人与自然和谐共生的现代化。全面建设社会主义现代化国家，必须坚持中国特色社会主义文化发展道路，增强文化自信，激发全民族文化创新创造活力，增强实现中华民族伟大复兴的精神力量。

文化兴则国运兴，文化强则民族强。中华民族伟大复兴需要以中华文化发展繁荣为条件，而黄河文化作为中华文化的核心组成部分，是推

进文化强国建设的重要抓手，在推进文化强国建设中发挥着不可替代的作用。

要增强中华文明传播力影响力，需要提炼展示中华文明精神标识和文化精髓的中国故事，传播好中国声音，展现可信、可爱、可敬的中国形象。弘扬黄河文化、讲好黄河故事便显得尤为重要。黄河流域优势得天独厚，要在新时代下保护好、传承好、利用好黄河文化。通过黄河文化带建设，传承和弘扬黄河文化，是坚定中华民族文化自信、推进社会主义文化强国建设的重要组成部分，也是推动黄河流域生态保护与高质量发展的主要目标任务。在黄河文化带建设中深入挖掘黄河文化的内涵，把握时代需求，适应时代变化，继承黄河文化之精髓，从而为黄河文化在新时代绽放光彩提供不竭动力。

## 三、黄河流域文化资源丰富，是重塑产业体系的重要基础

新时代背景下，文旅融合是推动国家文化产业发展的重要政策，可带动地区经济的快速进步。对黄河流域而言，其特有的黄河流域文化是推进文旅融合的重要基础，呈现出其在网络经济时代创新发展的新趋势。探究黄河流域文旅融合的发展策略，实现文旅融合高质量发展，既能支撑黄河文化传承与中原文明弘扬的顺利开展，又能在提升文化产业经济效益的基础上实现社会价值，在文旅融合深度发展中发挥黄河文化的凝聚力、影响力，在文旅融合体验中培育游客的民族认同感和文化自信，实现文化领域与经济领域的全面进步。

网络经济时代中，黄河流域相关文旅主体既能借助数字技术深化文旅融合程度，又能依托数字经济特有的发展模式在生产、运营及营销等环节延长文化产业发展链条，拓展文旅融合实践范围，并在精准分析市场需求的基础上推动供需平衡，焕发出旅游市场中文化产业的生机与活力。

对沿黄九省份而言，借助各省份特有的黄河文化资源，在网络经济赋能下推进文旅融合，一方面能在拓展黄河文化传承弘扬地域的基础上夯实文旅融合基础，并以突破时空限制的方式创新文旅发展模式，在密切流域内各地联系的过程中形成更为明显的产业优势；另一方面，能充分发挥数字经济精准定位市场需求的功能，在重塑产业体系的基础上深化文旅融合。例如，河南省可凭借数字经济发展优势，贯彻落实以游客为中心的理念，加快整合郑汴文旅资源，基于一体化发展模式不断延长文旅产业链条，并采取数字化技术、培养与引进专业人才等措施，提升文旅产品知名度，打造特色品牌，以全面的文旅融合带动文化产业进步。

## 四、“农文旅”融合协同发展，为乡村振兴注入持久动力

黄河流域是中华文明的重要发祥地，也是我国重要的生态屏障区域。促进黄河流域生态保护与乡村振兴融合发展，肩负着生态文明建设和乡村振兴等国家战略的重大使命，具有重要时代价值和战略意义。

位于甘肃省临夏回族自治州永靖县境内，黄河呈S形流经县域107千米，形成了炳灵峡、刘家峡、盐锅峡三大峡谷景观，构成了“黄河三峡”风景名胜区。近年，该县依托丰富的水资源，围绕乡村振兴战略，大力发展“绿色、节水、高效、高质、高产”的设施农业，做好“水文章”，同时依托黄河流域丰富的旅游资源，该县积极培育乡村旅游景点，打造旅游新品牌，为当地“黄河三峡”旅游注入了新活力。通过实施乡村振兴战略，发展乡村休闲旅游，建设生态宜居美丽乡村，保持黄河流域山水林田湖草沙自然风貌，建立农村人居环境建设和管护长效机制，逐步形成了产业兴、乡村美、农民富的良好局面①。

① 郭刚、崔翰超：《做好黄河“水文章”美丽乡村入画来》，http://www.news.cn/2023-06/21/c_1129710759.htm。

无独有偶，山东省东营市深入挖掘黄河文化蕴含的时代价值，优化整合文旅资源，在2023年9月推出了“黄河大集”活动品牌，春季以“乡村踏青游”为主题，突出田园踏青、乡村美景、生态旅游、网红打卡等特色，策划推出春季特色旅游线路，展示大美黄河口；夏季以“瓜果蔬菜进城·新鲜黄河大集”为主题，依托休闲街区、旅游景区、夏季特色节会等，策划举办美食文化节、音乐表演、消夏演出、网红打卡等活动，开发夜景、夜游、夜娱等沉浸业态产品，促进文旅消费；秋季以“庆丰收·乐东营”为主题，积极搭建优质农产品、手造非遗产品展示展销平台，全面展示乡村丰收热烈场景，让市民游客享受丰收喜悦；冬季以“过年就买黄河口年货”为主题，在元旦、春节前后，依托有影响力的商场、街区、庙会、集市等，组织形式多样的年货大集，打造“逛黄河大集、看东营好戏、品东营手造”年味新体验。东营市通过“黄河大集”品牌实现“文化＋旅游＋好品＋传播”相融合，促进了当地文旅市场快速复苏，也为推动“农文旅”融合和弘扬黄河文化打造了东营模式。

## 五、黄河文化创造性转化，满足人民日益增长的精神文化需求

黄河文化是中华优秀传统文化的重要组成部分，是中华民族的根和魂。以习近平同志为核心的党中央高度重视传承弘扬黄河文化，明确要求要“深入挖掘黄河文化蕴含的时代价值，延续历史文脉”。

新的时代，人们的精神文化需求不断增长，文化需求内涵也不断扩展与延伸。黄河文化只有广泛融入当代社会的生产实践、满足人民日益增长的美好生活需要，才能充分发挥古为今用的作用，实现真正的传承发展。各地应当以保护传承弘扬黄河文化为重点，推动相关文化产业发展，促进黄河流域文化产业与旅游业等深度融合。

产业是经济发展的关键所在。随着消费不断升级，黄河流域文旅产

业融合将日益呈现多样化、品质化和个性化特征。因此，新时代要做好“共创文旅新繁荣”这篇“大文章”，就必须坚持紧跟文旅消费升级新趋势，努力从文旅市场供需两端发力，打造更多黄河流域文旅产品新供给，实现以文塑旅、以旅彰文，实现旅游业态与文化场景互动，不断增强文旅产业迭代变革能力。

一是要推动黄河流域绿色食品、有机食品及地理标志农产品的推广，培育具有较高认可度的黄河流域农产品品牌。如河南省郑州市黄河滩区有机生态农业示范区——中原种业科技园，兼顾了耕地的属性、景观功能、农作物展示、科普、品种研究等功能，因种植品种不同，稻田呈现出不同的色彩，与远处的南裹头景区和黄河构成了一幅美丽的画卷（图 10－1）。

图 10－1　郑州中远农场彩色稻田

二是要凸显标志性文化符号，将黄河文化融入轻工业、手工业产品设计中，并探索生产设计国际化运营，形成创新性发展优势。整合知名服装品牌企业，引导其参与黄河文化服饰的设计、研发，推出一批体现黄河文化底蕴、黄河文化风情的服装品牌，并加大市场推介力度，推动黄河华服走出国门，展现中国传统服装文化。如 2022 年 6 月入选“山东手造·优选 100”名单的山东省菏泽市曹县汉服。近年，年轻群体中兴起的汉服热，带动了汉服制造产业发展。曹县汉服借此机会迅速“出圈”，该县生产的汉服占据了中国汉服市场份额的三分之一。据曹县电子商务服务中心统计，目前，全县 2 000 多家汉服生产企业，除上下游相关企业外，原创汉服加工企业超过 1 000 家，已形成了从创意设计、原材料、款式、制版、印花、生产到电商销售、售后服务等一条完整的汉服产业链，在 2023 年一季度汉服销售额突破 10 亿元大关①（图 10－2）。

图 10－2　2021 年进博会山东老字号内展示的曹县汉服

三是要发挥黄河流域寻根文化、诗词文化、陶瓷文化、建筑文化、民居文化历史底蕴厚重优势，发展黄河文化寻根游、黄河文化地标游、黄河沿岸古都游、黄河文化研学游等，实现文旅融合发展。

① 王采怡、赵晓：《一个季度卖 10 亿！小城造汉服“出圈”的背后》，http://www.chinanews.com.cn/cj/2023/07－15/10043483.shtml。

# 参考文献

REFERENCES

安作璋，王克奇，1992. 黄河文化与中华文明［J］. 文史哲（4）：3－13.

巴兆祥，1999. 中国民俗旅游［M］. 福州：福建人民出版社.

本报评论员，2021. 坚定文化自信推动文化高质量发展［N］. 山西日报，11－05.

边锋，2023. 山东多措并举提振文旅消费［N］. 中国旅游报，08－15.

常伟，2020. 构建黄河文化旅游新格局奋力推动新时代渭南文旅高质量发展［J］. 新西部（上旬刊）（11）：54－55.

邓慧君，2008. 论陇右文化的源与流［J］. 天水师范学院学报（6）：76－80.

恩和特布沁，2008. 河套文化的历史特征及现代发展［J］. 实践（思想理论版）（10）：50－51.

范志萍，2012. 山西晋中市晋商文化旅游整合研究［J］. 忻州师范学院学报（5）：48－50.

甘肃日报，2020. 让伏羲文化在历史长河绵延永续［N］. 甘肃日报，06－16.

郭刚，崔翰超，2023. 做好黄河“水文章” 美丽乡村入画来［EB/OL］. http://www.news.cn/2023－06/21/c_1129710759.htm.

郭志清，2022. 文旅共融，书写山西“诗和远方”新篇章［N］. 中国文化报，09－22.

韩朝胜，2010. 河南省文化旅游产业发展面对的问题及解决对策［J］. 济源职业技术学院学报（3）：38－40.

韩建武，李大伟，陕西省文物保护研究院，2020. 陕西省黄河文化价值的思考［EB/OL］. http://www.sxwby.com/content/content?id=2877.

郝方，2016. 中原特色文化与旅游融合发展研究［J］. 旅游纵览（下半月）（14）：276－277.

胡惠林，2000. 国家文化安全：经济全球化背景下中国文化产业发展策论［J］. 学术月刊（2）：10－18.

贾兵强，2022. 地域文化视角下的黄河文化类型与特征重构［C］. //第一届河南-砂拉越大河文化论坛论文集.

贾静，2014. 齐鲁文化在旅游资源开发中的地位与作用［J］. 现代商贸工业年（15）：69－70.

剧锦阳，2018. 山西晋文化考古史研究［D］. 临汾：山西师范大学.

李庚香，2006. 文化河南与中原崛起［J］. 中州学刊（1）：150－154.

李红军，2023. 甘肃甘州：农民在家门口吃上"旅游饭"［EB/OL］. https://news.cnr.cn/local/dftj/20230326/t20230326_526196221.shtml.

李俊红，2019. 论河套文化的自然地理要素［J］. 内蒙古电大学刊（3）：81－85.

李乐乐，刘青，2013. 传承和弘扬中原独特的水文化［J］. 河南水利与南水北调（3）：23－24.

李少娟，2020. 陕西省黄河文化价值的思考［N］. 三秦都市报，10－13.

李廷艳，林向前，2012. 关于打造"中原水城"的规划设想［J］. 中小企业管理与科技（下旬刊）（2）：115－116.

刘高官，2019. 三晋文化与文旅山西融合转型发展之思考［J］. 娘子关（3）：76－82.

刘际平，2013. 中原经济区背景下河南文化旅游发展探析［J］. 焦作师范高等专科学校学报（2）：50－52.

刘纬毅，1998. 三晋文化的特质［J］. 山西师大学报（社会科学版）（1）：66－72.

刘卫花，2012. 平遥古城旅游业发展中的问题及建议［J］. 重庆科技学院学报（社会科学版）（23）：79－81.

刘印其，1995. 让游客到民俗气氛中去感受异域风情［J］. 民俗研究（1）：15－16.

卢新宁，2001. 山东处理"三孔"文物受损事件［N］. 人民日报，05－18.

卢艺文，2022. 文化产业赋能乡村振兴"陇遗有礼"助力非遗工坊——甘肃省非遗保护中心积极推动非遗工坊建设［EB/OL］. http://wlt.gansu.gov.cn/wlt/c108542/202204/2009923.shtml.

罗艳玲，2007. 河南省文化旅游开发研究［D］. 武汉：华中师范大学.

罗赟鹏，2022. 天水展销伏羲主题文创商品［N］. 中国旅游报，06－24.

马慧强，张晓艳，王丽娟，等，2017. 山西省旅游公共服务模糊综合评价研究：基于游客满意度视角［J］. 资源开发与市场（7）：877－881.

马萍萍，2020. 基于新丝绸之路理念的陕西旅游文化产品开发及应用研究 [J]. 企业改革与管理 (5)：201-202.

裴秋菊，祁小宁，王雪娟，等，2023. 文化遗产保护融入黄河最美风景线 [N]. 中国文化报，03-25.

彭岚嘉，王兴文，2014. 黄河文化的脉络结构和开发利用：以甘肃黄河文化开发为例 [J]. 甘肃行政学院学报 (2)：92-99，13.

山曼，孙丽华，2004. 齐鲁民俗 [M]. 济南：山东文艺出版社.

施秀萍，王兴海，2022. 乡村旅游高质量发展的“甘肃道路” [N]. 甘肃日报，05-11.

石培华，申军波，2021. 文旅融合视野下：黄河长江文化保护传承弘扬思考 [N]. 中国旅游报，02-26.

司晓宏，白宽犁，王长寿，2022. 陕西文化发展报告 (2022) [M]. 北京：社会科学文献出版社，

宋嵋，2006. 传统节日文化与山东节庆旅游资源开发 [D]. 济南：山东大学.

孙燕，2020. 山西文化旅游背景下的扎染艺术 [J]. 大观 (论坛) (12)：94-95.

拓庆阳，2012. 陕西省旅游资源禀赋及开发的区域差异评价 [D]. 咸阳：西北农林科技大学.

仝建平，2017. 山西历史地位及文化区域刍议 [J]. 忻州师范学院学报 (4)：52-56.

王宝库，2003. 中华民族传统文化的重要内涵：三晋文化纵横谈 [J]. 山西旅游 (2)：5-7.

王采怡，赵晓，2023. 一个季度卖 10 亿！小城造汉服“出圈”的背后 [EB/OL]. http://www.chinanews.com.cn/cj/2023/07-15/10043483.shtml.

王春元，2002. 晋文化与山西旅游 [J]. 晋阳学刊 (5)：41-43.

王敏，2013. 浅析中原城市群区域文化旅游的合作动力 [J]. 新乡学院学报 (社会科学版) (4)：36-39.

王馨艺，2020. 提升中原文化影响力方法研究：以打造全国有影响力的文化品牌为突破口 [J]. 决策探索 (下) (5)：59-60.

王燚，2017. 美学路上的散步者 [J]. 美与时代 (下) (11)：9-13.

王勇强，2010. 试论中原文化旅游资源的开发 [J]. 河南科技大学学报 (社会科学版) (3)：84-86.

新华社，2019. 习近平：在黄河流域生态保护和高质量发展座谈会上的讲话 [EB/

OL]. https://m.thepaper.cn/baijiahao_4679919.

徐芳，2009. 陇右文化之精神特质 [J]. 菏泽学院学报（4）：72-75.

徐文琪，2022. 影视促进地方文旅产业发展的策略研究：以山西乔家大院成功推广为范例 [J]. 文化学刊（6）：40-43.

杨红，2020. 让非遗唱出黄河文化的新声 [N]. 光明日报，09-13.

杨盛道，2005. 河南旅游业：当好中原崛起的排头兵 [J]. 学习论坛（6）：58-62.

杨振之，2002. 旅游资源开发与规划 [M]. 成都：四川大学出版社.

杨中焕，2014. 论齐鲁文化对山东文化旅游资源形成的作用 [J]. 旅游纵览（下半月）（1）：300-301，304.

叶然，2019. 黄河文化、中原文化、中华文化三者关系之思辨 [J]. 文化产业导刊（5）：18-21.

雍际春，2006. 陇右文化的基本特点及其地域特征 [J]. 西北师大学报（社会科学版）（6）：105-110.

雍际春，余粮才，刘雁翔，等，2005. 陇右文化：中国地域文化之奇葩 [N]. 光明日报，12-14.

于相贤，郭志敏，2018. 以河套文化为导向的巴市旅游形象优化 [J]. 管理观察（10）：90-93.

于秀，2010. “一带一路”倡议下加快河南中原文化传播的意义 [J]. 试听（10）：199-200.

袁丽华，2008. 黄河文化与山西旅游资源 [J]. 黄河之声（7）：53-55.

张兵，2006. 陇右文化的生成、结构与现代价值（节选）[J]. 陕西社会主义学院学报（2）：18-21.

张笃川，2010. 河南省旅游业发展的制约因素探析 [J]. 青年文学家（2）：61.

张静，2022. 天上黄河正正来 [N]. 中国文化报，03-11.

张静，2023. 大唐不夜城的“网红天团”[N]. 西安日报，01-20.

张克复，2021. 从历史深处走来的甘肃 [N]. 甘肃日报，03-02.

张栎，2023. 文旅局长出圈　文旅产业如何出彩 [N]. 甘肃经济日报，03-16.

张瑞坤，董佳琦，2018. 网络环境下河套文化传播渠道探析 [J]. 新闻研究导刊（17）：34-35.

张遂，马慧琴，2003. 关于山西旅游产业发展的现状、问题与对策 [J]. 生产力研究

(1)：134－137.

张晓明，2005. 陕西旅游业文化竞争力研究［J］. 西安财经学院学报（1）：26－29.

赵临龙，2021. 后疫情时期陕西旅游复苏相关产业发展的探析［C］. //2021 中国旅游科学年会论文集：706－714.

赵琳洁，2007. 浅谈山西佛教文化的开发与保护［J］. 太原科技（11）：77，79.

赵平，2012. 旅游目的地构景中地方感情境化的培植研究：以平遥古城及晋商文化旅游区为例［J］. 生产力研究（1）：115－117.

周玮，徐壮，2023. 文旅部：推进文化和旅游深度融合发展［N］. 新华每日电讯，01－06.

朱萌，郭志清，2023. 山西多措并举推动非遗面食产业发展——让诗和远方“美味”起来［N］. 中国文化报，01－04.

# 后记

POSTSCRIPT

《黄河流域区域文化与旅游业协同发展研究》是一项具有重要意义的科研项目。该项目旨在通过对黄河流域区域文化与旅游业的协同发展进行深入研究，提出相应的策略和措施，为黄河流域文化旅游的发展提供指导和支持，同时也为其他类似区域的文化旅游发展提供参考和借鉴。

通过对黄河流域的源头文化、河湟文化、陇右文化、河套文化、秦文化、晋文化、中原文化和齐鲁文化资源与旅游产业进行深入调查和分析，我们发现黄河流域拥有丰富的文化资源和多样化的旅游产品，但也存在文化资源开发不足、旅游产品单一等问题。同时，我们还对文化旅游产业的发展趋势和挑战进行了分析，发现文化旅游产业正在向多元化、个性化、体验化的方向发展，同时也面临着资源保护、生态环境等方面的挑战。此外，我们还加强了旅游产业的完善和创新，通过引入先进的技术和管理理念，提高旅游产业的服务水平和效率，为游客提供更好的旅游体验。

为了验证我们所提出的协同发展策略和措施的有效性和可行性，我们还对黄河流域中原文化的文化旅游进行了实证研究。通过实际调查和分析，我们发现本书提出的策略和措施具有较好的可行性和有效性，为该地区的文化旅游发展提供了有力的支持和帮助。同时，我们也将积极推广黄河流域文化旅游的品牌形象，吸引更多的游客前来体验和探索，为黄河流域的文化旅游发展注入新的动力。

**图书在版编目（CIP）数据**

黄河流域区域文化与旅游业协同发展研究 / 毕雪燕等著．—北京：中国农业出版社，2024.7
ISBN 978-7-109-31475-7

Ⅰ.①黄…　Ⅱ.①毕…　Ⅲ.①黄河流域—区域文化—研究②黄河流域—旅游业发展—研究　Ⅳ.①G127②F592.7

中国国家版本馆 CIP 数据核字（2023）第 237072 号

中国农业出版社出版
地址：北京市朝阳区麦子店街 18 号楼
邮编：100125
责任编辑：姚　佳　　文字编辑：王佳欣
版式设计：王　晨　　责任校对：张雯婷
印刷：北京中兴印刷有限公司
版次：2024 年 7 月第 1 版
印次：2024 年 7 月北京第 1 次印刷
发行：新华书店北京发行所
开本：700mm×1000mm　1/16
印张：13.5
字数：180 千字
定价：88.00 元